인생이 묻고
톨스토이가 답하다

인생이 묻고
톨스토이가 답하다

이희인 지음

홍익피앤씨

톨스토이의 길고도
놀라운 인생

톨스토이 안에는 삶의 모든 것이 있나니
톨스토이에 없는 것은 우리 삶에도 없는 것이다.

여기 한 장의 사진이 있다. 허름한 농민복을 입고, 두 갈래로
갈라진 긴 수염을 늘어뜨린 채 렌즈를 응시하는 나이 든 톨스
토이의 사진이다. 정면을 응시하는 톨스토이의 눈은 형형하
여 매우 매서워 보이는 한편, 다정다감한 느낌도 준다. 그것은
현자의 모습이다. 예언자의 모습이다. 키는 작았을지 몰라도
영혼의 키는 매우 거대했을 한 거인의 모습이다.

톨스토이는 사진을 많이 남겼다. 그도 그럴 것이 19세기는
사진의 시대였다. 근대 초기 초상화를 남기려는 부르주아들
의 욕구는 더 사실적이고 정교한 사진의 발명을 촉진시켰다.
사진이 탄생하자 초상화를 그려 입에 풀칠하던 한 화가는 '오

늘, 회화는 죽었다!'며 절망했다. 사진이 점차 대중화되면서 유명인뿐만 아니라 일반인들도 자신의 초상을 남기는 수단으로 삼았다. 그런데 19세기 가장 위대한 현자로 불리었던 톨스토이에게랴.

그의 사진은 주변 지인들이 찍은 것보다 당시 이미 극성을 부리기 시작한 저널리즘을 통해 찍힌 것이 많았다. 톨스토이의 생애 마지막 나날들을 극화한 2009년 영화 〈톨스토이의 마지막 인생〉에서 가장 눈에 띄는 것도 톨스토이의 저택 주위에 죽치고 지내며 대문호로부터 특종을 건져낼 수 있지 않을까 모여든 사진기자들이었다. 영화는 또한, 톨스토이가 영면에 든

1910년 11월 각지에서 온 기자들이 대문호의 죽음을 남보다 먼저 알리기 위해 아스타포보 역에 진을 치고 있는 모습을 보여 준다. 그런 사진기자들 덕분에 우리는 현자의 기품과 풍모는 물론 옷자락 한 올 한 올까지 생생하게 만날 수 있다.

여기 또 한 장의 사진이 있다. 역시나 야외에서 긴 수염에, 편안해 보이는 농민복을 걸치고 다리를 꼬고 렌즈를 응시하는 노년의 어느 날 찍힌 톨스토이의 사진이다. 톨스토이 관련 자료에서 흔히 만날 수 있는 사진 중 하나다. 그런데 이

인생이 묻고, 톨스토이가 답하다

사진을 그토록 자주 접하고도 내가 오랫동안 깨닫지 못한 것이 있다. 알고 봤더니 이것, 컬러사진이다! 톨스토이가 컬러사진을 남겼다니! 색상도 자연스럽고 초점도 잘 맞아 오늘날 봐도 꽤 괜찮은 솜씨의 컬러사진이다. 어떻게 이 사진이 컬러인 것을 이제껏 무심히 지나쳤단 말인가?

사진에 대해 더 알아보았다. 사진이 찍힌 것은 1908년, 그의 나이 여든이던 해이고 서거 두 해 전이다. 사진을 찍은 사람은 러시아의 사진작가 프로쿠딘 고르스키란 사람인데 톨스토이뿐만 아니라 혁명을 앞둔 20세기 초 러시아와 시베리아의 풍속과 시대상을 생생한 컬러사진으로 많이 남겼다. 그가 1908년 어느 날 노작가를 방문하여 역사적인 컬러사진을 남겼던 것이다.

사진의 여명기인 19세기 초부터 많은 사람들이 컬러사진을 만들겠다는 열망에 사로잡혀 왔는데, 오늘날과 같은 컬러사진을 만드는 데 성공한 사람은 흔히 영화의 발명가로 불리는 뤼미에르 형제들이다. 그들이 1903년 발명한 오토크롬을 오늘날 컬러사진의 시작으로 본다. 톨스토이를 찍은 컬러사진도 모르긴 몰라도, 오토크롬일 것이다.

각설하고, 컬러로 찍힌 톨스토이의 사진을 보고 내가 새삼 느낀 것은 한 가지다. 그가 우리와 멀지 않은 시대를 살다간 사람이었다는 것. 19세기에 주로 활동했으나 그의 노년은 우리와 매우 가까운 시대까지 이어졌다는 것이다. 흔히 1901년 첫 수상자를 낸 노벨문학상이 제대로 판단하지 못해(실은 그의 과격한 무정부주의 사상 때문에) 상을 주지 못한 사람 목록에도 톨스토이의 이름이 맨 앞에 등장한다. 톨스토이가 사망한 장소인 아스타포보 역의 며칠을 다큐멘터리 영화로 기록한 사람도 있었다. 이 정도면, 톨스토이가 우리와 멀지 않은 시대를 살다간 사람이라 해도 틀린 말이 아닐 터다.

생전에 이미 현자, 성인의 지위를 누린 톨스토이는 82세 나이까지 살았다. 위대한 작가 톨스토이는 어떻게 그런 영적인 스승의 지위까지 얻게 되었을까? 톨스토이의 스펙을 요약하면 대략 이러하다.

그는 1828년 모스크바로부터 남쪽으로 200여 킬로미터 떨어진 툴라 시 인근의 야스나야 폴랴나에서 지방 지주의 넷째 아들로 태어나 어릴 적 부모를 여의고 친척의 손에 자랐다. 젊은 날 대학에 들어갔으나 학문에 회의를 느끼며 당시 귀족 집안 자제들이 그러했듯 방탕하고 문란한 생활을 보내는 한편 이를 괴로워하였다. 그러던 중 캅카스 등지의 전쟁터에 자원입대해 전쟁을 몸소 겪은 그는 《유년시절》 등의 작품을 발표해 일찌감치 탁월한 신예 작가로 명성을 누린다. 전장에서 자신의 영지로 돌아옴과 동시에 16살 연하의 소피야 부

인생이 묻고, 톨스토이가 답하다

인과 결혼한 톨스토이는 결혼 초 안정된 생활을 바탕으로 대작 《전쟁과 평화》(1869)와 《안나 카레니나》(1877) 등을 발표하며 러시아를 넘어 세계적인 작가의 반열에 올라선다.

많은 평론가들이 말하듯 그의 나이 쉰 무렵 《참회록》을 쓴 일은 그의 인생에 한 전환점이 되었다. 이제는 톨스토이 인생의 공식 용어가 되다시피 한 '회심(回心)', 즉 마음의 극심한 갈등이 일어난 때가 이 무렵이다. 평론가들은 《참회록》 이전의 톨스토이를 대개 '위대한 작가'로, 그 이후를 '위대한 스승'으로 나누어 설명한다. '회심'은 톨스토이를 좀 더 격렬한 '톨스토이주의자', 다시 말해 극단적인 도덕주의자로 만들었다. 술, 담배, 육식은 물론 성욕과 결혼, 도시생활, 신앙생활 등에 대한 의견(잔소리)을 피력하기 시작했고, 작품도 농민들을 위한 쉬운 단편들을 많이 썼다. 그러던 그가 당시 탄압받던 원시 기독교주의자들인 두호보르파(Dukhobor)를 돕기 위해 쓴 최후 걸작이 《부활》(1899)이다. 이런 활동을 통해 톨스토이는 교회(러시아 정교회)로부터 파문당하고 정부의 견제와 감시를 받았으나, 러시아는 물론 전 세계 지식인들로부터 시대의 스승으로 존경받게 된다. 어마어마한 부가 보장된 저작권을 포기하려던 톨스토이는 이에 격렬히 반대하는 부인 소피야와 갈등하다가 1910년 가을 가출하여 아스타포보 기차역에서 영면에 들었다. 아래 인용한 글이 톨스토이의 길고도 놀라운 인생, 그리고 그 인간적 고뇌에 대해 핵심을 말해 줄 것이다.

그는 예술가였지만 예술을 미워했다. 귀족이었지만 귀족을 미워했다. 90권이나 책을 썼지만 말을 믿지 않았다. 결혼을 했지만 결혼 제도를 부정했다. 언제나 육체의 욕구에 시달리면서 금욕을 주장했다. 천재적인 두뇌의 소유자였지만 지성을 증오했다. 이런 모순을 짊어지고 살아야 했으니 얼마나 고통스러웠겠는가. 그는 이 고통 속에서 몸부림치면서 올바른 삶의 방법을 모색했고 눈을 감는 순간까지 해답 찾는 일을 중단하지 않았다. 절제해야 한다, 정직하게 살아야 한다, 착하게 살아야 한다, 사랑해야 한다, 나를 위해서가 아니라 남을 위해서 살아야 한다 – 이것이 그가 찾은 해답의 핵심이다.

– 석영중,《톨스토이, 도덕에 미치다》에서

톨스토이는 읽으면 읽을수록 편치 않은 작가다.《안나 카레니나》로 최고의 명성을 구가한 뒤 '회심'의 시간을 거쳐 노년에 이른 톨스토이의 저작들은 너무나 완고해 숨이 턱턱 막힌다. 그래서일까, 톨스토이를 알아 갈수록 그에게 묘한 반항심이 생기곤 했다. 나 같은 보통 사람이 살아가기엔 그가 꿈꾸고 설파한 세상은 너무도 억압적으로 다가온다. 그가 사망한 지 110년이나 지난 오늘날은 쉽게 파악하고 해석할 수 없을

인생이 묻고, 톨스토이가 답하다

만큼 복잡해져 그의 사상과 도덕을 곧이곧대로 받아들인다는 것은 어리석어 보인다. 그의 진정성은 가슴에 새기되 그의 생각과 사상에 대해선 비판적 독해가 필요하다. 그의 도덕주의와 치열하게 맞짱 뜨는 것이 오늘 톨스토이를 읽는 방법일 터다. 동시대 철학자 니체의 말처럼, '도덕이야말로 가장 부도덕한 것'이라는 잣대로 톨스토이의 말들을 뜨악하게 바라보고자 했다. 그의 도덕이 오늘날에도 유효한 점과 착오인 점을 함께 생각해 보았다. 톨스토이의 엉성한 앞잡이가 되고 싶지는 않았다. 긴장하지 않고 따라가다가는 그처럼 나도 잔소리꾼이 되기 십상일 터다. 정신을 차려야 했다.

그렇다 해도 그의 가르침은 위대하다. 말로만 도덕을 설파한 것이 아니라 자신의 말과 생각을 묵묵히 실천하고자 노력했기 때문이다. 인류를 사랑하기는 쉬워도 이웃을 사랑하기는 어렵다고들 하는데, 자신이 쏟아낸 말의 작은 부분까지 몸소 실천하고 이웃에 대한 사랑부터 실천하는 지식인들은 어느 시대나 늘 희박해 보인다. 그렇게 다시 톨스토이에게로 돌아온다. 그는 어찌할 수 없는 스승인 것이다.

한 작가가 평생 쓰고 발표한 작품들이라 해도 인간 세상의 특정한 국면에 머물기 마련인데, 평생 무지막지한 필력을 발휘한 톨스토이는 자신의 90여 권에 달하는 책들 속에 인간 삶에 대한 거의 모든 문제들을 다루었다. 사랑, 결혼, 성, 죽음,

도덕, 법, 종교, 의식주, 도시, 문명 등 그가 다루지 않고 언급하지 않은 분야가 없다 할 정도다. 문득 인도인들이 자신들의 경전인 《마하바라타》를 두고 자부심에 넘쳐 했다는 말을 그에게 인용해 떠올렸다. '톨스토이 안에는 삶의 모든 것이 있나니, 톨스토이에 없는 것은 우리 삶에도 없는 것이다' 라고.

도서관 서가에 '톨스토이'의 이름이 붙은 상당수의 잠언집, 명상집들은 톨스토이의 저작 가운데 일부분, 특히 그의 최후 저작에 속하는 《인생이란 무엇인가》(1910)의 일부만을 취해 그것을 톨스토이 사상 전체와 동일시하는 모습을 보인다. 대개 너무 낭만적으로 톨스토이의 생각을 다루고 있다. 이를 피하기 위해 나는 톨스토이의 주요 작품 속에 작가의 생각이 담겨 있다 생각되는 구절들을 찾아 그 말에 담긴 의미들을 곱씹어 보았다. 《안나 카레니나》와 《부활》 두 작품을 축으로 대표 중장편인 《이반 일리치의 죽음》(1886)과 《크로이체르 소나타》(1890), 그리고 단편 우화집과 함께 《인생이란 무엇인가》에 언급된 말과 사상을 다루었다. 톨스토이를 말할 때 빼 놓을 수 없는 초기 대작 《전쟁과 평화》는 너무 두꺼워 몇 번의 시도에도 끝까지 읽지 못하였는데 이 책의 가장 아쉬운 부분이기도 하다.

인생이 묻고, 톨스토이가 답하다

러시아 문학 전공자도 아니면서 감히 러시아 출신의 대문호에 대해 뭘 쓴다는 것이 무모하고 분에 넘치는 일로 생각된다. 하지만 문학(소설)이 결국 수용자, 즉 독자의 몫이라 한다면 나름 열혈 독자로서 톨스토이의 사상과 생각을 곱씹은 여정을 타인과 함께 나눌 수도 있지 않을까? 청년 시절부터 도스토옙스키를 비롯한 러시아 문학에 열광했고, 톨스토이 주요 저작들을 탐독했으며 두세 번의 시도 끝에 톨스토이의 묘지를 알현하고 왔으니 감히 이런 책을 쓸 만큼의 톨스토이 '덕후'는 되지 않을까? 기록적인 폭염으로 기억되는 2018년 여름을 함께 보낸 톨스토이에게 나도 마음의 편지를 보내고 싶다. "당신과 이 여름을 함께 보내 행복했습니다" 하고.

LEV TOLSTOY

레 프 톨 스 토 이

사랑, 지나고 나면
마음의 사치

Anna Karenina

안나 카레니나

1. 안나 카레니나라는 입장권

> 행복한 가정은 모두 다 서로 비슷한 것이고,
> 불행한 가정은 어느 경우나 그 불행의 상태가
> 다른 법이다.

톨스토이의 대표작 《안나 카레니나》를 읽지 않은 사람이라도 이 구절에 대해 알고 있는 분들이 많을 것이다. 이 구절이 카프카의 《변신》, 카뮈의 《이방인》, 제임스 매튜 배리의 《피터팬》, 루이제 린저의 《생의 한가운데》, 가와바타 야스나리의 《설국》 등의 첫 문장과 함께 가장 유명한 소설의 첫 문장으로 꼽힌다는 사실도 어느 정도 알 것이다.

헤세나 카프카, 가와바타 야스나리의 소설처럼 여러 번역본이 나와 있는 경우, 나는 서점 매대나 도서관 서가에서 그 책들의 첫 문장의 번역을 비교해 보길 즐겼다. 원서의 원문이야 어떻든, 첫 구절을 얼마나 맛깔나게 번역했는가를 두고 번역의 솜씨를 판단했던 것이다. 톨스토이의 대표 문장으로 꼽히는 이 구절을 여러 번역으로 비교해 보는 것도 재밌는 일이다.

행복한 가정은 모두 고만고만하지만 무릇 불행한 가정은 나름나
름으로 불행하다.

- 박형규 역, 문학동네

행복한 가정은 모두 모습이 비슷하고, 불행한 가정은 모두 제각각
의 불행을 안고 있다.

- 연진희 역, 민음사

행복한 가정은 서로 닮았지만, 불행한 가정은 제각기 다르다.

All happy families resemble one another.

Every unhappy family is unhappy after its own fashion.

- 쥘리앙 뒤비비에 감독 영화 〈안나 카레니나〉(1948)에서

행복한 가정은 모두 엇비슷하고, 불행한 가정은 불행한 이유가 제
각기 다르다.

- 재레드 다이아몬드, 김진준 역, 《총, 균, 쇠》에서

이 문장은 안나의 오빠 오블론스키가 바람을 피우다 아내
에게 발각되어 집안이 발칵 뒤집어진 첫 장면을 지시하며 소
설의 문을 연다. 바람 잘 날 없는 이 가정의 모습을 보여 주는
장면에서 서두를 떼는 셈인데, 오빠 오블론스키의 집에 벌어

진 이 사태를 중재하기 위해 상트페테르부르크에 사는 착한 여동생 안나가 기차를 타고 모스크바로 오면서 비극이 시작된다.

한동안 나는 이 문장의 세련된 수사법에만 현혹된 나머지 문장의 내용을 깊이 곱씹을 생각은 하지 못했다. 깊은 생각 없이, 맞는 말 같군, 하고 지나쳐 버렸다. 어느 날 문장을 가만히 들여다보는데 이거 쉬운 문장이 아니다 싶었다. 불행한 가정이 제각각으로 불행할 거란 말은 고개가 끄덕여지는데 왜 행복한 가정은 비슷비슷하게 행복하단 말인가? 한참 골똘해도 쉽게 답을 찾기 어려웠다. 그러다 어느 책에선가 납득할 만한 해설을 발견했다. 재레드 다이아몬드의 문명 3부작의 하나인 《총, 균, 쇠》에 이 문장이 언급되었는데, 저자는 '가축화할 수 있는 동물은 모두 엇비슷하고 가축화할 수 없는 동물은 이유가 제각각'이라면서 톨스토이의 문장을 차용한다. 이를 두고 '안나 카레니나의 법칙'이라 명명하면서 말이다.

이 문장에서 톨스토이가 말하려고 했던 것은, 결혼생활이 행복해지려면 수많은 요소들이 성공적이어야 한다는 것이었다. 즉 서로 성적 매력을 느껴야 하고 돈, 자녀 교육, 종교, 인척 등등의 중요한 문제들에 대해 합의할 수 있어야 한다. 행복에 필요한 이 중요한 요소들 중에서 어느 한 가지만 어긋난다면 그 나머지 요소들이 모두 성립되더라도 그 결혼은 실패할 수밖에 없다.

– 재레드 다이아몬드, 《총, 균, 쇠》에서

그러고 보면 이 문장은 '행복한 가정을 이루기가 얼마나 어려운 일인가!'쯤으로도 읽힐 법하다. 모든 걸 빠짐없이 다 갖춰야 행복하다니. 행복한 가정에 도달하기 위한 노력 자체가 역설적으로 굉장한 불행의 과정일 것만 같다.

사실은 '행복'이라는 말 자체에도 문제는 숨어 있다. 철학자들이 불교에 관해 대담을 나눈 어느 책에서, 불교 경전 어디에도 '행복'이란 단어가 등장하지 않는다는 구절을 읽고 뒤통수를 호되게 한 대 얻어맞은 느낌이었다. '행복'이란 단어가 없다고? 그 생각은 그럼 어디서 나온 거지? '불행'이란 단어는 또 어디서 온 거지? '나는 불행하다'라고 느끼는 사람은 널리고 널렸지만, '나는 행복하다'는 사람은 인간문화재처럼 드물 것이다. 과연 '행복'이란 실체가 있는 말인 걸까?

《안나 카레니나》에는 삶을 관통하는 거의 모든 문제가 두루 담겨 있다. 널리 읽힌 밀란 쿤데라의 소설 《참을 수 없는 존재의 가벼움》에서 여주인공 테레사가 남주인공 토마스의 집에 처음 들어가기 위한 입장권이 이 책 《안나 카레니나》였다. 그것은 '은밀한 동지애를 확인하는 암호'이자 교양의 표지, 사랑의 증표, 영혼의 열쇠기도 했다. 미술관이나 극장, 박물관, 혹은 타인의 마음 안으로 들어가는 입장권이 돈이나 보석 같은 게 아니라《안나 카레니나》같은 책이라면 정말 근사할 것 같다.

다음 날 아침 수화물 보관소에 짐을 맡긴 뒤《안나 카레니나》를 겨드랑이에 끼고 프라하의 거리를 쏘다녔다. 저녁에 그녀가 초인종을 눌렀고 그가 문을 열었다. 그녀는 책을 놓지 않았다. 그것이 마치 토마스의 세계로 들어가는 입장권인 양, 그녀는 자기가 가진 통행증이라곤 이 비참한 입장권밖에 없음을 깨달았고, 그것 때문에 울고 싶어졌다.

– 밀란 쿤데라,《참을 수 없는 존재의 가벼움》에서

2. 브론스키를 위한 변명 : 사랑을 고백하는 방법

"아니, 친구 같은 건 될 수가 없어요.
이 세상에서 가장 행복한 인간이 되느냐, 그렇지 않으면
가장 불행한 인간이 되느냐, 그 중의 어느 것도 당신의
태도 여하에 달려 있습니다."

글쓰기 수업 중의 일이다. 마음에 둔 상대에게 '사랑한다'고 직접 말하지 않고 사랑의 마음을 전할 기발한 표현을 고안해 보라는 과제를 내준 적이 있다. '사랑한다'란 말처럼 직접 쓰기 애매한 말이 어디 있을까. 연인에게뿐만 아니라 부모님에게도 차마 입을 떼기 어려운 말이 아니던가. 다양한 응답이 나왔는데 이렇다 할 만한 것은 드물었다. '이래 갖고 어디 사랑 고백에 성공하겠어요?' 하고 눙치긴 했지만 똑같은 과제가 내게 주어진다 해도 별 뾰족한 수가 없으리란 걸 안다.

늘, 사랑이 문제인 것이다. 사랑이니까 어려운 것이다. 우리는 어디서, 어떻게 사랑하는 마음을 전할 묘책을 얻을 수 있을까.

톨스토이의 대표작이자 19세기 최고의 러시아 소설로 꼽히는 《안나 카레니나》는 다른 정의나 평가를 떠나 훌륭한 연애 소설로 읽힌다. 그 내용을 요약하면 이렇다.

1870년대 제정 러시아 때다. 정부의 고위 관리인 카레닌의 부인이자 세료자라는 아들을 둔 안나(카레니나)는 우아한 자태와 미모로 사교계의 시선을 한 몸에 받는 여성이다. 어느 날 오빠 오브론스키의 집을 다녀오는 길에 모스크바 기차역에서 브론스키라는 잘생긴 귀족 청년을 만난다. 안나의 미모에 사로잡힌 브론스키는 외부의 시선과 냉소에도 아랑곳없이 안나에게 파고들어 마침내 그녀의 마음을 빼앗는 데 성공한다. 역시 브론스키에게 빠진 안나는 남편인 카레닌에게 이혼을 요구하지만, 두 남녀에 대해 분노를 느끼고 자신의 사회적 위신을 의식한 카레닌은 이혼에 응해 주지 않는다. 사회의 따가운 눈총과 시련 속에 두 남녀의 사랑은 차츰 식어가고 서로에게 권태를 느끼던 중 질투와 의심, 불안에 휩싸인 안나는 달려오는 기차에 몸을 던지는 극단적인 선택을 하기에 이른다. 여기에 비극적인 두 남녀 주인공과 대비되는 인물로 건강한 삶과 사랑을 꾸려가는 레빈의 이야기가 동시에 진행된다. 요약해 놓고 보니 별 얘기가 아닌 것 같다. 그럼에도 이 두꺼운 소설을 읽는 동안 어쩜 그렇게 몰입할 수 있었을까.

인생이 묻고, 톨스토이가 답하다

앞에 인용한 부분은 소설 전반부에 청년 브론스키가 안나를 향해 불나비처럼 달려들며 사랑을 고백하는 장면이다. 이제 막 뭔가가 벌어지려 하는 이 부분을 자세히 읽어보자.

"그럼, 저를 위해서 이것만은 약속해줘요. 그런 말투만은 쓰시지 않겠다는 것을. 사이좋은 친구가 되기로 해요." 안나는 입으로는 이렇게 말했지만 그 눈동자는 전혀 딴 말을 하고 있었다. "아니, 친구 같은 건 될 수가 없어요. 그런 건 당신 자신도 잘 아시고 계실 겁니다. 이 세상에서 가장 행복한 인간이 되느냐, 그렇지 않으면 가장 불행한 인간이 되느냐, 그중의 어느 것도 당신의 태도 여하에 달려 있습니다. (…) 하지만 그것조차 안 된다면 죽어 버리라고 명령해 주십시오, 저는 기꺼이 죽어 버리겠습니다. 제가 당신을 괴롭히는 존재라면 이젠 두 번 다시는 당신 앞에 나타나질 않겠습니다."

브론스키란 이 남자, 어떻게 봐야 할까? 선수일까? 초보일까? 그 진정성이 느껴지는가? 어쨌거나 안나는 브론스키의 이 저돌적인 공세에 속수무책으로 무너져 그의 사랑을 받아들인다. 비극이 시작되는 순간인데 사랑에 눈이 멀어 버린 사람들이 그걸 어떻게 알아차리겠는가.

사실 사랑이 시작되는 모든 순간은 누구에게나 경이롭고 극적인 장면이 아닐까 싶다. 인생에서 기적 같은 순간이 찾아온다면 그런 순간이 아닐까. 우리는 그 순간을 자주 잊고 또 떠올리고 싶어 멜로 드라마나 로맨틱 코미디 영화를 찾는다. 사랑이 시작되는 모든 순간은 '나름나름으로' 행복한 순간일 것이라 믿으며.

　《안나 카레니나》가 위대한 것은 소설의 인물 중 누구도 절대적으로 악하거나 절대적으로 선하지 않다는 것이다. 모두가 저마다의 계급과 신분, 욕망에 의해 움직인다. 세련된 소설들이 보여 주는 미덕이다. 인물들의 생각과 행동, 결단에 다 이유가 있고 철학이 있다. 그러므로 나는 이 소설에 등장하는 가장 중요한 인물들인 안나, 브론스키, 카레닌을 모두 변호할 수 있다고 생각한다. 이 장은 먼저 브론스키를 위한 변명 아닌 변명에 해당하는 장이다.

　결국 '진심'이 선수다. 진심이야말로 '사랑'의 유일한 성공 노하우다. 브론스키의 말이 가정과 자녀를 둔 안나를 뒤흔든 것도 결국 진심이 깊이 묻어났기 때문 아닐까. 그런데 어디 사랑하는 연인 간의 고백에만 그럴까. 타인의 마음에 들기 위해, 타인을 설득하고 움직이게 하는 유일한 방법도 오로지 '진심'이 아니던가.

　　　　　　　　　　　　　인생이 묻고, 톨스토이가 답하다

진심이 우리의 입과 손을 어떻게 움직일지는 다음 문제다. 내 안의 진심이 깃든 순간, 우리는 시인이 되고 의사가 되고 영웅이 될 수 있다. 사랑(에로스)이 스치면 모두가 시인이 된다던 플라톤의 말처럼.

3. 안나를 위한 변명 : 십자가를 질 수 있나?

"하느님은 십자가를 내려 주십니다만,
그걸 짊어지고 갈 힘도 주시니까요."

마침내 우리의 주인공 남녀는 넘지 말아야 할 선을 넘는다. 브론스키는 물론 안나 역시 특별히 불장난을 하겠다거나 이 사태를 가볍게 본 것은 아니다. 하지만 그들은 서로가 서로를 옭아매는 덫처럼 그렇게 서로에게 빠져든다. 안나는 여러 번 브론스키의 접근을 멀리하며 불을 보듯 뻔한 비극을 피하려 하지만 결국 사랑 앞에 허물어지고 만다. 그 다음엔 오히려 그녀가 더 적극적으로 브론스키에 빠져든다.

그런데 소설사상 최고의 글쟁이, 대문호 톨스토이가 그 필력이 정점에 달했던 시절에 쓴《안나 카레니나》의 정사 장면은 어떨까. 사실 이 중요한 장면을 너무나 에둘러 서술했기 때문에 나는 그게 정사의 장면인지도 모르고 그냥 지나쳐 버릴 뻔했다. 몹시 모호하면서 어두운 분위기가 시종 흐른다. 아름답기보다는 처절하고 불안스럽다. 읽는 사람도 영 개운치

가 않다. 하긴 19세기 중후반쯤이라는 시대 상황을 염두에 둔
다면 이 정도만도 많이 나간 것일까? D.H. 로렌스 같은 작가
가 등장하기도 전, 헨리 밀러 같은 도발적인 작가가 태어나기
도 전이니 말이다.

> 브론스키에게 있어서 거의 만 1년 가까이, 그때까지의 모든 욕망
> 을 대신하여 그 생활의 단 하나의 희망이 되어 왔던 것, 또한 안나
> 에게 있어서는 도저히 상상할 수 없는 무서운 일이면서도 그만큼
> 더 매혹적인 행복의 공상이었던 것 - 그것이 이제야 비로소 달성
> 되었던 것이다. (…) 그녀의 얼굴은 여전히 아름다웠으나 그러나
> 그만큼 더 비참했다. "이젠 모든 것이 끝장이에요." 안나는 말했다.
> "저에겐 이젠 당신 외에는 아무것도 없어요. 그걸 기억해주세요."

요즘 영화에서 남발되고 있는 관음적인 시선이나 선정적
인 의도는 드러나지 않지만, 뭔가 처절하고 격정적인 시간이
지나갔음을 느낄 수 있다. 그러나 21세기에 이런 클래식 소설
을 상업 영화로 만든다는 것은 다른 문제인가 보다. 배우 키이
라 나이틀리가 안나 카레니나로 등장하는 2012년 영화는 제
법 '야하다'. 안나 역의 키이라 나이틀리는 격정적인 첫 정사
장면에서 끊임없이 "당신이 날 죽였어요! 당신은 살인자예요!
살인자!"라 외치며 정사를 치른다. 물론 원작에는 나오지 않는

대사다. 현실을 세심하게 반영하고자 했던 톨스토이는 이런 대사를 탐탁지 않아 했을 것 같다. 어쨌거나 정사가 곧 자신의 죽음을 의미한다는 것을, 자신이 이제 걷잡을 수 없는 불행의 늪에 빠지게 될 것을 안나가 직감하고 있다는 걸 엿볼 수 있다. 하지만 이미 서로에게 깊이 빠져든 사랑은 불가항력이다. 정사의 끝에 안나는 (영화에도 비슷한 대사가 나오지만)이렇게 내뱉는다. "저에겐 이젠 당신 외에는 아무것도 없어요." 이런 말은 어쩐지 좋지 않은 끝을 예감케 한다.

선을 넘어 버린 두 사람, 그중에서도 불안에 휩싸인 안나는 이제 돌파구를 찾아야 한다. 이미 벌어진 상황을 어떻게든 긍정해야 한다. 안나가 한 말은 아니고 한참 조연에 속하는 마담 시탈의 입에서 불쑥 튀어나온 말이지만, "하느님은 십자가를 내려 주십니다만, 그걸 짊어지고 갈 힘도 주시니까요"라는 문장은 안나의 실낱 같은 희망을 표현하고 있다.

안나는 과연 그걸 짊어지고 갈 수 있을까? 안나는 자신의 사랑을 잘 이끌어 갈 수 있을까? 자신의 행동을 뉘우치며 다시 안락한 (삶의 격정과 희열은 생략된)가정으로 돌아가게 될까?

누군가는 이 소설을 한 번 읽는 것만으로도 불륜에 대한 확실한 경고와 교훈을 받게 될 거라고 말했다. 그러나 나는 어째 안나가 다시 태어나 그 기차역에서 브론스키를 다시 만나더라도 똑같은 길로 빠져들 수밖에 없을 것만 같다. 교훈이며 훈수 같은 게 통할 수 없을 정도로 사랑은 종종 우리의 눈을 멀게 한다.《아내를 모자로 착각한 남자》에 무시로 등장하는 환자들처럼, '병이긴 하되 결코 치유하고 싶지 않은 병'을 그녀는 다시 기꺼이 받아들이려 할 것 같다.

영화로 만들기에 사실《안나 카레니나》의 불륜 스토리는 이제 와 좀 심심해 보인다. 이 정도 갖고 우리 시대 영악한 관객의 마음을 사로잡을 수 있을까? 우리는 그보다 더 강력하고 야하고 비극적인 불륜 영화를 100편쯤 보아 알고 있지 않을까? 우리 영화만 하더라도《안나 카레니나》를 거의 그대로 옮겨 놓은 듯한 이재용 감독의 〈정사〉나 배우 김윤진이 출연한 〈밀애〉, 배우 전도연 주연의 〈해피엔드〉 같은 영화들이 곧바로 떠오른다. 안소니 퍼킨스가 비극적인 죽음을 맞는 1962년작 흑백 영화 〈페드라〉로부터, 불륜의 대가로 끝없는 몰락을 겪는 제레미 아이언스 주연의 〈데미지〉, 리처드 기어가 카레닌처럼 불행한 남편 역을 맡은 〈언페이스풀〉 같은 외국 영화도 떠오른다. 이런 영화들은 확실히 좀 셌던 것 같다. 그렇지만 이 모든 불륜 소재의 영화나 드라마 맨 앞에 놓이는 현대적 서사가《안나 카레니나》가 아닐까. 그보다 약간 앞선 프랑스 소설을 대표하는 플로베르의《마담 보바리》와 함께 말이다.

'불륜하지 말라'는 것이 주제가 아니라면 이 소설의 주제는 무엇인가? 알 수 없다. 그저 몇 가지 주제, 몇 가지 느낌이 함께 얽혀 새겨질 뿐이다. 그런데 소설이나 영화에 주제가 꼭 있어야 할까? 이 소설의 주제는 이거다 못 박는 순간 소설이 갖고 있는 풍부하고 생생한 면모는 한없이 축소되는 것 아닐까? 우리 삶 전체나 삶의 한 시절만 잘라 놓고 봐도 그렇다. 거기 늘 명확한 주제가 있던가? 진리를 알지 못하기도 하고, 선과 악이 늘 명확히 판가름되는 것도 아니다. 무엇이 아름답고 추한 것인지, 사람마다 생각하는 것도 모두 다르다. 이런 삶과 세상을 반영해 보겠다는 예술작품의 주제가 어떻게 단호하고 명확할 수 있을까.

　스탕달의 《적과 흑》이나 헤밍웨이의 《무기여 잘 있거라》 같은 소설, 아니 서구 근대 소설의 시초라는 세르반테스의 《돈키호테》 같은 작품도 주제를 뭐라 한마디로 말하기 쉽지 않다. 삶에 특별한 주제가 있을 수 없듯이 삶의 진실에 가까이 다가가려 한 위대한 소설들에 이렇다 할 주제가 없는 게 마땅하다. 가장 훌륭한 소설은 주제가 여러 가지로 읽히고 해석되는, 그리하여 삶에 별 주제가 없음을 여실히 보여 주는 소설일지도 모른다. 《안나 카레니나》의 훌륭한 점 역시 그렇다.

4. 카레닌을 위한 변명 : 사랑 좀 못 하기로서니

> '어머나, 사랑하고 있다고? 이분도 사랑할 수가 있는
> 걸까? 이 사람은 사랑이 어떤 것인지 알지도 못할 거야.'

로맨스 영화라면 수백 편쯤은 보았을 사람도 오늘 새로운 로맨스 영화가 개봉한다면 바로 달려가 극장 티켓을 끊을 것이다. 그리스 비극 〈오이디푸스 왕〉 이래 '출생의 비밀'에 관한 드라마가 수없이 변주되어 만들어져 왔듯이 사랑과 불륜 소재의 영화도 다시 만들어지고 새롭게 소비된다. 위험한 사랑일수록 재밌다. 더 위험하고 무모해진 불륜의 스토리는 손에 땀을 쥐게 하는 액션 블록버스터에 가깝다.

불륜 영화에 등장하는 전형적인 장면이 있다. 평온한 일상을 뒤흔드는 예기치 않은 사랑에 빠져들어 놀란 아내(혹은 남편)는 전전긍긍 마음을 어쩌지 못하고 있는데, 일벌레 남편(혹은 아내)는 그런 마음도 모른 채 곯아떨어져 잠들어 있는 장면이다. 일단 그전에 함께 가기로 한 오페라 공연 하나쯤은 남편이 중요한 업무를 핑계로 펑크 내줘야 한다. 그런 다음, 피

곤함을 이유로 코를 골며 곯아떨어져야 한다. 남편 쪽에서 들려오는 규칙적인 소음은 심난한 아내를 분노하게 만든다. 무심하게 코를 골며 잠든 남편의 모습은 불륜 영화에 하나의 클리셰가 되었다. 그런데 그 시작이 《안나 카레니나》였다니!

그렇다고 나름 능력 있는 고위 관리로 수많은 일을 능숙하게 처리한 카레닌이라는 남자가 특별히 나쁜 사람은 아니다. 열심히 일하다 코 좀 골며 잠들었기로서니 이런 걸작 소설에 두고두고 창피한 인물로 설정돼야 한단 말인가? 이번엔 카레닌을 좀 변명해 보기로 하자.

브론스키라는 청년의 저돌적인 '작업'에 놀란 안나의 마음은 좀체 진정될 줄 모른다. 안나는 어쩌다 남편 카레닌의 입에서 '사랑'이라는 말을 듣게 된다. 얼마나 낯설었을까. 안나의 냉소가 이어진다.

'사랑하고 있다고? 이분도 사랑할 수가 있는 걸까? 사랑이라는 것이 있다는 걸 남한테서 듣지 않았더라면 이 사람은 결코 이런 말을 입 밖에 내진 않았을 텐데. 이 사람은 사랑이 어떤 것인지 알지도 못할 거야.'

불가항력으로 파고드는 브론스키와의 밀회를 즐기고 이 장

인생이 묻고, 톨스토이가 답하다

교에게 빠져들게 된 안나는 결국 카레닌과의 이혼을 결심한다. 주변의 소문과 (브론스키가 출전한)경마장에서 보인 안나의 노골적인 감정 표현 등으로 안나를 의심하게 된 카레닌에게 안나는 마차 안에서 당당하게 자신의 마음을 밝힌다.

"잘못 생각하신 건 아녜요. 저는 당신의 말씀을 들으면서도 그분에 대해서 생각하고 있으니까요. 저는 그분을 사랑하고 있어요. 저는 그분의 정부(情婦)예요. (…) 저는 당신이 무서워요. 저는 당신을 증오하고 있어요. 자아, 당신의 마음대로 저를 처리해 주세요."

소설 도입부만 해도 친절하고 마음씨 곱고 예의 바르던 안나의 어디에 저런 단호함과 잔인함이 숨어 있었던가. 사랑이 사람을 용감하게 만든다는 말은 어쨌거나 사실인 모양이다.

사실 카레닌이 소설에서 너무 건조하고 재미없는 사람으로 그려져서 그렇지 개인적으로는 카레닌에게 마음이 쓰인다. 바람난 안나야 그렇다 쳐도 카레닌에겐 이 무슨 날벼락이란 말인가. 사람이 자신의 직업과 일, 연구에 몰두하다 보면 인간적인 공감 능력이나 감성적 능력이 축소되어 간다는 얘길 어느 책에서 읽었다. 진화론을 펼친 다윈 역시 오랜 연구에 자신을 소진한 나머지 단 한 줄의 시나, 셰익스피어를 읽는 것조차 힘들어진 자신에 대해 절망하는 고백을 자서전에 남겼다고 한다. 카레닌이 특별히 잘못 산 것은 아닌데 단지 그를 꼼짝없이 묶어둔 일에서 한눈을 팔 수 없었고 그러면서 사랑의 열정과 감각을 잃어버렸을 것이다.

그러나 그도 물러설 수는 없었을 터. 주위의 시선과 사회적 체면이 그를 괴롭힌다. 어제까지 변함없이 사랑하는 사이라 믿었던 아내에 대한 배신감도 어떻게든 해결해야 한다.

"알았어! 그러나 일정한 시기까지는 외면적으로만 예절을 지키라구. 아무래도 체면을 유지해야겠어. (…) 요컨대 내가 나의 명예를 지킬 방법을 강구할 때까지."

부부란 헤어지고 나면 남보다 못한 사이가 된다고 했던가. 그러니 결혼은 참으로 위험천만한 모험이 아닐 수 없다. 신문 지면을 수도 없이 장식하는 권태에 빠진 부부에 관한 끔찍한 뉴스들이 이를 증명한다.

키이라 나이틀리가 안나 역을 맡은 2012년 영화 〈안나 카레니나〉에서 남편 카레닌 역을 맡은 이는 주드 로라는 배우다. 한때 섹시한 미남 배우로 이름을 날린 천하의 주드 로가 안나에게 버림받는 중년의 카레닌 역을 맡다니.

《참을 수 없는 존재의 가벼움》에 등장하는 주인공 토마시

인생이 묻고, 톨스토이가 답하다

의 애견 이름이 '카레닌'이었던 걸로 기억한다. 강아지의 이름을 붙이는 장면은 좀 재밌다. 거기에 어떤 의도가 있는지는 잘 모르겠지만.

그는 강아지를 톨스토이라고 부르자고 했다. 테레자가 반박했다. "여자인데 톨스토이라 부를 순 없지. 안나 카레니나라고 부르자." "이렇게 얼굴이 조그맣고 우습게 생긴 여자가 어디 있어? 안나 카레니나라고 부를 순 없지. 차라리 그냥 카레닌이라고 부르지." (…) "카레닌이라 부르면 이 개의 성 의식에 혼란이 오지 않을까?" "주인이 항상 수컷 이름으로 부르는 암캐는 레즈비언 성향을 보일 수도 있지."

– 밀란 쿤데라, 《참을 수 없는 존재의 가벼움》에서

차갑고 건조하며 잔인한 면이 없지는 않지만 사랑에 좀 서툴고 그토록 비참해져야 하는 카레닌에 동정이 간다. 소설이나 영화에서 정의의 사도나 도덕적인 성인군자보다는 자신의 신분과 목적에 충실한 악인들에 나는 관심이 많다. 장발장보다는 자베르 경감에(《레미제라블》), 알료샤보다는 이반 카라마조프에(《카라마조프 가의 형제들》) 더 매력을 느낀다. 콰지모도(《노틀담의 곱추》)라든가 살리에리(《아마데우스》)에 더 깊은 동정을 느낀다. 흥부보다는 놀부에, 제리보다는 톰에, 왕건보

다는 견훤이나 궁예에게 말이다. 견훤을 언급한 유홍준 교수
의 말마따나, 그들이 무슨 특별히 잘못을 한 건 아닐 터다. 그
저 패배자들일 뿐이다.

그렇더라도 사랑에 있어 루저는 되지는 말아야지. 처음부
터 사랑에 대단한 선수가 따로 있는 건 아닐 거다. 대단한 희
생과 멋진 드라마가 아니더라도 곁에 있는 사람에게 사랑 표
현을 좀 남발해 보자. 그런 건 좀 남발해도 좋지 않을까.

인생이 묻고, 톨스토이가 답하다

5. 다시, 브론스키를 위한 변명 : 열흘 붉은 꽃이 없다

> 그는 꽃의 아름다움에 이끌려 그만 그것을
> 따 버린 나머지 쓸모가 없게 만들어 버린 사람이
> 이젠 이전의 아름다움을 발견할 수 없어서
> 시들어 버린 꽃을 멍하니 바라보는 것과
> 같은 심정으로 그녀를 바라보고 있었다.

그레타 가르보, 비비안 리, 소피 마르소, 키이라 나이틀리. 저마다의 시대를 대표하는 이 쟁쟁한 여배우들의 공통점은 뭘까? 당대마다 대작으로 제작된 영화 〈안나 카레니나〉에서 주인공 안나 역을 연기한 배우들이란 것. 안나 카레니나 역할을 안 해 보곤 당대 최고의 여배우란 명함을 내밀기 힘들기라도 한 것처럼 말이다. 오드리 헵번은 이 목록에 빠져 있지만 킹 비더 감독이 만든 3시간이 넘는 영화 〈전쟁과 평화〉의 주인공으로 등장했으니 안나 카레니나 역에 못지 않다. 그레타 가르보와 소피 마르소 주연의 영화는 구할 수 없었는데, 도도하고 농염한 캐릭터가 돋보인 비비안 리가 안나로 등장한

1948년도 영화와, 개성 넘치는 미모의 키이라 나이틀리가 안나를 연기한 2012년도 영화는 챙겨 보았다. 흑백으로 제작된 앞의 영화가 원작에 비교적 충실하게 만들어졌다면 후자의 영화는 한 편의 연극과 안무가 뒤섞인 화려함으로 원작에 전혀 새로운 감각을 부여하려 했다. 나로서는 원작에 충실한 비비안 리의 영화 쪽을 더 재미있게 본 편이다.

영화감독들은 이처럼 당대에 가장 아름답고 인기 있는 정상급 배우들을 안나 카레니나라는 아이콘으로 탈바꿈시켰다. 그런데 원작에서 안나의 마음을 훔친 브론스키는 너무 일찍 안나에게 환멸을 느끼게 된다. 상, 하권으로 나뉜 소설에서 채 상권이 끝나기도 전에 브론스키의 마음은 삭막하게 메말라 있다. 책의 중반에 다다르기도 전에 변하는 사랑이라니!

또 다른 작품이 여기에 겹친다. 숱한 논란을 몰고 다닌 로만 폴란스키 감독의 영화 중 90년대 초반에 만들어진 〈비터문〉이란 작품이 있다. 신혼여행을 의미하는 '허니문'을 비튼 제목처럼, 첫눈에 반하는 사랑의 달콤함과 함께 권태와 환멸로 뒤바뀌어 버린 사랑의 쓰디씀을 동시에 보여 준 영화다. 원초적인 매력과 아름다움을 발산하던 아내 역의 주인공이 점차 권태와 환멸에 빠져 가는 남편의 시선에 의해 보잘 것 없고 초라한, 심지어 흉측하기조차 한 모습으로 비치는 순간이 강렬하게 묘사된다.

앞서 인용한 구절 역시 한참 사랑에 빠져 있던 브론스키가 안나에게서 빛나는 아름다움 대신 차츰 시들며 초라해져 가는 삭막함을 발견하는 장면이다.

안나는 처음 만났을 때의 그녀와는 전혀 딴사람처럼 되어 있었다. 정신적으로나 육체적으로나 악화되어 있었다. 몸 전체가 옆으로 넓게 퍼지고, 그 여배우에 대해서 얘기하거나 할 때면 심술궂은 표정을 지어 그 얼굴의 생김새가 비뚤어졌다. (…) 그녀에게서 사랑을 느낄 수가 없는 것처럼 여겨지는 지금, 도리어 그녀와의 관계는 끊을래야 끊을 수 없게 되어버린 것을 느끼고 있었다.

그렇다면 이때로부터 몇 달 전, 브론스키가 안나에게 첫눈에 반하는 장면, 그리하여 거부할 수 없는 사랑과 어쩔 수 없는 비극이 동시에 시작되는 장면을 다시 펼쳐 보자. 책장을 한참 앞으로 돌려, 오빠의 집이 있는 모스크바의 기차역에 막 내려서는 안나를 브론스키가 흘끗 쳐다보는 장면이다.

그는 고개를 끄덕여 인사를 하고 차간 안으로 들어가려고 했으나 어쩐 일인지 다시 한 번 이 귀부인을 돌아보고 싶은 절실한 생각에 사로잡혔다. 그것은 상대방이 대단한 미인이었기 때문도 아

니요, 그 모습 전체에 감돌고 있는 섬세한 느낌이나 예의 바른 우
아함 때문도 아니며, 상대방이 곁을 지나칠 때에 그 사랑스러운
표정 속에 일종의 독특한, 감미롭고 다정한 점이 있었기 때문이
다. (…) 이 한순간의 응시 속에서 브론스키는 상대방의 얼굴에 약
동하고 있는 소극적인 것 같으면서도 생기가 넘친 표정을 느꼈는
데, 그것은 그녀의 반짝이는 눈빛과, 그 붉은 입술을 약간 일그러
지게 하는 희미한 미소 사이에 감돌고 있는 것이었다.

  굉장한 미인이거나 매혹적인 아름다움 때문이 아니라 했
다. 어딘가 그녀만의 개성과 생기가 가득한 미모의 여성으로
안나가 묘사된다. 첫눈에 반했다가 환멸에 빠져 버린 이 두
장면 사이에 사랑의 비극이 있다. 어떻게 같은 사람, 같은 이
의 눈에 이처럼 정반대의 감정이 생겨 버린단 말인가? 어떻
게 아름다움이 변하고 사랑이 시들며 이것은 누구의 탓이란
말인가? 한순간 눈멀어 버리는 사랑만으로 우리는 사랑의 삶
을 지속할 수 없다.
  진화생물학에서도 말하듯 인간이란 '생물'이 서로에게 매
력을 느끼는 기간이란 길어야 2년에서 3년 정도에 불과하단
사실은 이제는 널리 알려져 있다. 《안나 카레니나》로부터 대
략 12년쯤 뒤에 쓴 《크로이체르 소나타》에서 톨스토이 역시
이와 비슷한 얘길 한다. 영원히 아니, 오래 지속되는 사랑이란

'소설에나 나오는 이야기'이며 '현실에선 있을 수 없는 일'이라고. 우리의 지고지순한 사랑이, 모든 문학과 예술작품의 고귀한 주제가 되는 사랑이 생물학적 조건에 종속된다는 이야기는 한없이 슬프게 들린다. 지금 내 곁의 사람을 사랑할 뿐이되, 우리를 슬프게 하는 것은 사랑의 열정과 환희의 지속 기간이 매우 짧다는 것일 터다.

미래의 사랑은 없다.

사랑이란 언제나 지금 현재의 행위다.

사랑을 지금 보여 주지 않으면 사랑을 갖고 있지 않은 사람이다.

— 《인생이란 무엇인가》에서

6. 레빈을 위한 변명 : 톨스토이의 '리틀 포레스트'

> 레빈은 자연의 아름다움을 스스로 얘기하는 것도,
> 다른 이에게 듣게 되는 것도 좋아하지 않았다.
> 그의 말에 의하면 언어라고 하는 것은 자기가
> 이 눈으로 본 것에서 아름다움을 손상시킬 뿐이었다.

임순례 감독의 영화 〈리틀 포레스트〉를 보았다. 일본에서 먼저 만들어진 영화를 한국으로 옮겨와 새롭게 만든 영화다. 이 영화가 신선하게 다가온 것은 요즘 청춘 세대들과 '귀농', 혹은 '농촌'이라는 소재가 뜻밖에도 잘 어울린다는 점이다. 도시적이고 개인적이며 SNS와 디지털 문화에만 전적으로 어울릴 것 같던 청춘들이 자연에 터하는 삶과도 잘 어울릴 수 있다는 사실이 낯설면서도 신선했다. 물론 영화는 시골의 삶을 지극히 낭만적으로 다루고 있다. 혹독한 자연환경은 물론, 불편하기 그지없는 생활, 고된 노동, 무엇보다 여름의 거미줄이나 나방, 벌레, 모기 같은 지극히 현실적인 장애물들이 생략돼 있다. '그러니까 영화지'라고 지나칠 수도 있겠지만, 어쩌다 우리가 너무나 폭력적인 영화들에 무방비로 노출돼 있다 보니 이런 식물성 영화마저도 힐링의 공감을 안겨 준다.

자연은 원래 모든 사람을 품어 주는 곳이며 모든 사람에게 열려 있는 장소다. 우리가 자연을 떠나는 일은 있어도 자연이 우릴 떠나는 일이 있던가. 영화 속의 주인공도 취업, 연애, 적응에 실패하고 인스턴트적인 도시의 삶에 지쳐 자신의 고향인 시골로 돌아온다. '배가 고파서'가 그 이유라 했다. 도시는 허기지고 배가 고픈 곳이며 시골과 자연만이 그 허기를 채워 주는 장소라고 말이다.

여기 소설《안나 카레니나》를 단순한 신파 치정극으로 떨어뜨리지 않기 위해 부단히 노력하는 한 인물이 있으니, 그는 톨스토이 자신의 페르소나(분신)라고 할 수 있는 인물 '레빈'이다. 남자 주인공 브론스키한테 '차인' 여인 키티에게 차인 남자니 얼마나 매력 없고 초라한 인물일까. 그러니 레빈에 대한 변명, 옹호를 하지 않을 수가 없겠다. 결국 키티의 마음을 돌려 결혼에 성공한 레빈은 실패한 안나와 브론스키의 사랑과 대조를 이루며 진정한 사랑을 이룬 사람으로 소설의 한 축을 이끌어 간다. 톨스토이는 쾌락으로 맺어진 안나와 브론스키의 사랑과 레빈과 키티의 사랑을 대비시킴으로써 참된 사랑의 의미를 곱씹게 한다.《안나 카레니나》를 읽은 어느 독자가 인터넷 서점의 리뷰난에 올린 말이 생각난다. '읽고 보니, 이 소설의 주인공은 안나가 아니라 레빈이었어!' 하던.

레빈이 이 소설의 실질적인 주인공인 이유는 키티와의 사랑 때문만은 아니다. 속물들투성이인《안나 카레니나》전편에 걸쳐 가장 건강한 생각을 갖고 시골생활과 노동에서 기쁨을 찾는 인물로 설정돼 있다. 사회주의가 추구하는 영웅적 인간상도 레빈 같은 사람일 테고, 중년 이후 톨스토이도 레빈 같은 인물에게서 앞으로의 삶을 구하고자 했다.

한 톨스토이 전문가(석영중 교수)는 이런 레빈을 일컬어 '이 훌륭하고 지겨운 남자'라고 표현했다. 혼자만 번듯하고 도덕적이어서 재미없는 남자. 그게 레빈이다. 그래서일까, 영화로 제작된 〈안나 카레니나〉들은 하나같이 레빈을 너무 보잘것없고 초라한 배우들로 캐스팅하지 않았나 싶다. 심지어 비비안 리가 안나로 분한 1948년의 영화에서는 레빈은 거의 엑스트라 수준으로 밀려난다. 할리우드 상업 영화에서 노동을 찬양하고 시골생활을 동경하는 이런 고리타분한 인간이 별 의미를 갖지 못하는 것은 당연한 일이겠지만.

레빈에게 있어서는 농촌은 생활의 터전, 즉 기쁨과 슬픔과 노동의 터전이었다. 그런데 코즈니셰프에게 있어서는 시골생활은 한편으로 보면 노동 후의 휴식임과 동시에 다른 한편으로 보면 타락을 방지하는 데 유효한 해독제여서, 그 자신도 그 효능을 인정하고 기꺼이 그걸 복용하고 있었던 것이다.

소설의 중반쯤 주인공 레빈은 키티에게 차인 비정한 도시를 떠나 다시 시골로 돌아온다. 그는 다시금 시골의 건강한 삶 속에서 자신을 들여다본다. 이복형인 코즈니셰프와 함께 시골 영지에 온 장면이 위에 인용한 글이다. 레빈에게 시골은 건강한 노동과 치열한 삶의 현장이지만 저명한 작가인 형에게 시골은 잠시 휴식과 안정을 누리는 도시의 부속물 정도로 보이는 듯하다. 아무튼 시골과 농촌, 노동의 삶을 동경하는 레빈의 삶과 사상은 그대로 작가 톨스토이의 생각을 대변한다.

내게도 계절마다 한 번씩 찾아가 '힐링'하고 오는 시골의 이모 댁이 있다. 봄철 집 주변에 두릅과 고사리, 머위 같은 나물이 자랄 때 찾아뵙고, 여름철 식욕이 없을 때엔 이모가 버무리신 노각 무침과 풋고추에 기력을 회복하고 온다. 들판과 야산에서 무수한 것들을 거두어들이는 가을의 시골집은 흡사 보물섬과도 같다. 농한기인 겨울에도 비닐하우스에 달래나 씀바귀 농사를 짓고 굴뚝엔 늘 연기가 올라오는 이모의 집은 어느 한 철도 쉼이 없다.

영화 〈리틀 포레스트〉를 보며 이모네 시골집이 내내 겹쳤다. 가서 함께 일을 거들고 언제든 찾아가 흙을 작신 밟고 올 수 있는 시골이 가까이 있다는 것은 커다란 행복이다.

노동과 시골, 농사를 낭만적으로 예찬하긴 쉽다. 그러나 이모의 굽은 허리를 떠올리면 말을 삼가게 된다. 그렇긴 해도 한 번뿐인 인생을 오로지 이 삭막한 도시에만 부려 놓는 것도 억울하다. 시골과 자연은 언제나 문을 열어 놓고 있다는 걸 알고 있다. 이모네 울도 담도 없는 시골집이 그러하듯이.

7. 너무 많이 먹는 죄, 너무 좋은 것만 먹는 죄

> "그것이 목적이라면
> 난 차라리 야만인이 되고 싶다."

사회 초년생 시절, 우연히 아르바이트로 미식(美食)에 관한 책의 대필 작업을 하게 되었다. 당시엔 레시피가 아닌 미식에 관해 출판한다는 게 아직 낯선 일이었다. 먹는 문제는 배를 채우는 문제였지 혀를 즐기는 문제가 아니었던 것이다. 그 무렵 해외에서 만들어진 영화나 만화 등에 미식을 다룬 작품들이 많이 소개됐다. 어마어마한 분량의 《미스터 초밥왕》 시리즈나 《맛의 달인》 같은 일본 만화부터, 이안 감독의 〈음식남녀〉나 유럽 영화 〈바베트의 만찬〉, 피터 그리너웨이 감독의 〈요리사, 도둑, 그의 아내 그리고 그녀의 정부〉 같은 음식 영화의 걸작들이 제작되고 소개되었다. 음식은 그렇게 생존의 양식에서 인생을 즐기는 예술로 바뀌어 갔다.

　음식 책을 쓴 일은 무척 즐겁고 행복한 경험이었다. 책을 쓰며 당시엔 생소했던 '브런치'라는 말을 알게 되어 그 단어를 한두 해 뒤 어느 광고 카피에 사용하기도 했고, 아직 본격적으로 수입되기 전인 카망베르나 브리, 고다, 에멘탈, 로크포르 같은 유럽 치즈들이나, 페리에, 볼빅 같은 탄산수 브랜드도 알게 되어 그런 걸 아는 체하니 꽤 유행에 앞서가는 사람처럼 대접받기도 했다. 퐁뒤나 쿠스쿠스, 슈하스코, 탈리, 헤링 같은 음식들은 당시엔 쉽게 상상이 가지 않는 음식들이기도 했다.

세상이 바뀌었다! 지금은 온통 미식의 세상, 미식가들의 세상이다. 웬만한 사람 치고 음식 평론가나 미식가 아닌 사람이 드물 정도다. 그것도 책이나 텔레비전을 통한 간접 지식이 아닌, 여행을 통한 직접 경험을 통해서 말이다. 음식에 관한 한 시간과 공간의 장벽이 다 무너져 있다.

어릴 적 동화에 자주 반복되던 이야기, 즉 한겨울에 봄철 딸기나 여름의 물고기를 먹고 싶어 하는 병든 부모를 위해 그걸 구하려는 자식의 효심에 탄복한 신령님이 그 음식을 구해 준다는 식의 이야기는 이제 와선 리얼리티가 떨어지는 이야기가 되어 버렸다. 이젠 멀리 외국에 갈 필요도 없이 가까운 도심 식당가에서 일본, 중국, 인도, 베트남, 터키, 남아메리카, 아프리카 요리까지 손쉽게 만나 즐길 수 있다. 리들리 스콧 감독이 1982년에 만든 SF 영화의 걸작 〈블레이드 러너〉에는 가까운 미래 대도시 풍경으로 다국적 음식점들이 늘어선 시장

인생이 묻고, 톨스토이가 답하다

통을 낯선 시선으로 보여 줬지만 이제 더 이상 SF의 이야기가 아니다. 음식에 관한 한 우리는 초현실의 삶을 사는 것 같다.

《안나 카레니나》는 삶과 세상에 대한 작가의 모든 고민, 모든 생각이 망라돼 있는 백과사전적 소설이다. 그가 평생 고민하고 궁구한 인생의 모든 문제들이 소설 안에 많든 적든 담겨 있다. 아직 톨스토이즘이랄 것이 완성되지 않았던 《전쟁과 평화》에서는 깊이 다뤄지지 않던 것들이나, 너무 완고해진 노년의 작품들에선 생략된 문제들이 이 소설에는 세세하게 다뤄진다. 안나를 통해 사랑과 결혼, 자녀 양육, 풍속, 죽음의 문제를 얘기하고, 레빈을 통해서는 노동과 시골생활, 금욕은 물론 심지어 음식 문제에까지 손을 뻗친다.

음식에 관한 문제는 톨스토이의 주된 관심사 중 하나다. 꼼꼼히 읽어 보면 대부분의 작품에 음식에 대한 언급이 등장한다. 그의 식생활에 관한 철학은 대개 '소식(小食), 금주, 금연'으로 요약될 수 있다. 특히 《안나 카레니나》의 앞부분에는 너무 많이, 좋은 음식을 먹는 귀족들의 풍속에 대한 노골적인 거부감이 표현되고 있다.

아직 안나와 브론스키가 기차역에서 운명적으로 맞닥뜨리기 전, 소설 앞부분에 소설의 실질적 주인공인 레빈이 그의 절친(이자 안나의 오빠)인 오블론스키를 만나는 장면이 소개

된다. 오블론스키가 한턱 내겠다며 고급 레스토랑에서 음식을 주문하는 장면인데 오블론스키라는 사람, 대단한 미식가인 모양이다. 싱싱한 굴 30개에다가 제철 야채가 듬뿍 든 스프에, 진한 소스를 친 넙치, 로스트 비프에 닭 요리까지, 와인은 샤블이란 걸 주문한다. 가벼운 스프나 메밀죽 정도면 족하다던 레빈의 얼굴이 차츰 당황스럽게 변한다. 너무 비싼 것을 너무 많이 시키는 것이다. 이미 시골의 소박한 생활에 익숙해진 레빈인지라 친구의 행동에 적이 부담감을 갖는다. 인용한 문장이 들어 있는 대화 내용은 다음과 같다.

"우리들 시골 사람은 빨리 일을 할 수 있도록 서둘러서 밥을 쓸어 넣듯이 급히 먹는데, 지금 나하고 너는 너무 빨리 배가 부르지 않도록 하기 위해서 굴 같은 걸 먹고 있지 않느냐 말이다." (…) "물론 그렇고말고. 그러나 그 점이야말로 교양이라는 것의 목적이 아닐까. 모든 것으로부터 쾌락을 만들어낸다는 것이." "흥, 그것이 목적이라면 난 차라리 야만인이 되고 싶다."

이 지점이 오블론스키와 레빈의 음식의 정치학이 나뉘는 경계다. 먹는다는 것은 배를 채우는 일인가, 혀를 즐겁게 하는 일인가? 생존을 위한 양식인가, 쾌락을 위한 예술인가? 섹스가 음식과 함께 언급되는 지점도 여기다. 그것이 생식과 생존

인생이 묻고, 톨스토이가 답하다

을 위한 본능인지, 쾌락을 위한 행위인지. 톨스토이가 성욕을 혐오하듯 탐식을 혐오한 것도 그렇다. 자본주의가 인간의 본능 영역을 쾌락의 산업으로 둔갑시켜 가리라는 것을 그도 짐작한 모양이다.

톨스토이 소설에 자주 등장하는 음식에 '크바스'란 음료가 있다. 흑빵을 발효시킬 때 나오는 즙을 음료로 만든 것인데 톨스토이는 그 음료를 농민들의 최소한의 음식으로 표현하고 있다. 《부활》에도 주인공 도련님 네흘류도프가 농민들을 찾아가 그들이 어떤 걸 먹고 사는지 묻자 "크바스에 흑빵, 흑빵에 크바스죠"라고 농민들이 대답한다. 톨스토이의 거의 모든 소설에 크바스가 등장한다 해도 과언이 아니다. 우리가 밥과 국을 언급하듯, 흑빵과 크바스를 언급한다. 크바스와 흑빵으로 노동의 생산성을 계산하고 그걸 성욕으로 연결시키는 아래 구절은 얼마나 과학적인지를 따지기 앞서 좀 놀랍다.

아무런 일도 안 하면서 음식을 과잉 섭취하는 것은 색욕을 조직적으로 부추기는 거나 마찬가지입니다. (…) 올봄에 저희 집 근처에서 농부들이 철도 노반공사를 했습니다. 젊은 농부의 보통 식사는 흑빵, 크바스, 양파로 이루어져 있습니다. 이 정도만 먹으면 농부는 생기와 원기가 넘쳐 수월하게 농사를 짓습니다. 철도 일을 하게 되면 보통 식사로 죽과 고기 4백 그램 정도를 제공받습니다. 이걸 먹고 농부들은 열여섯 시간 동안 약 5백 킬로그램이나 되는 손수레를 움직여야 합니다. 그들은 이 정도 식사로 충분히 일을 해냅니다. 그런데 우리는 8백 그램의 고기와 각종 들새고기, 열량이 풍부한 음식과 갖가지 음료를 먹어댑니다. 그게 다 어디로 가겠습니까? 당연히 정욕이 과다해지겠지요.

- 《크로이체르 소나타》에서

식욕과 색욕의 관계에 대해 이처럼 명료하면서 단순무식한 진단이 또 있을까? 꽤 논리적인 화법을 취하고 말이다. 그런데 언젠가 러시아에 갔을 때 나는 그 크바스가 너무 궁금해 간절히 마셔 보고 싶었다. 다행히 블리니(러시아식 팬케이크)나 펠메니(러시아식 만두) 같은 음식을 파는 식당에 크바스가 있었다. 궁핍한 농민들이 생존을 위해 마시던 음료가 이젠 고급 식당의 차림표 한구석을 차지하고 있다. 해외에서 만나는 낯선 음식은 허기를 채우는 최소한의 양식이 아니라 혀와 목구멍의 즐거움을 위한 미식으로 바뀌어 있었다.

흐르는 시간은 이렇듯 많은 것을 뒤바꾸곤 하지만, 적게 먹고 많이 움직이라는 톨스토이의 말이 얼마나 통찰력 있는 예언이었는지 새삼 감탄하게 된다.

8. 최고의 복수는 그들보다 행복하게 사는 것

'저기다!' 안나는 열차의 그림자와 침목 위에 덮여 있는
석탄 섞인 모래를 바라보면서 마음속으로 중얼거렸다.
'저기야, 바로 저 한가운데가 되는 곳으로 뛰어드는 거야.
그렇게 하면 그이를 처벌하게 되고, 모든 사람으로부터,
아니 나 자신으로부터도 벗어나게 되는 거야.'

도스토옙스키의 《죄와 벌》에는 두 개의 살인 장면이 등장한
다. 자신의 완벽하고 치밀한 이성과 계획에 따라 마땅히 단죄
해야 할 전당포 노파를 살해한 것이 라스콜리니코프의 첫 살
인이다. 그러나 그가 완벽하다 믿었던 시나리오, 비교적 착착
진행되던 계획에 차질이 생긴다. 계획한 대로 살해한 노파의
서랍을 뒤져 물건 몇 개만 가지고 나오면 완전한 범죄가 되겠
는데 '버그(bug)'가 깃든 것이다. 라스콜리니코프가 (전당포 노
파 같은 이의)억압으로부터 구해 줘야 한다고 생각한 부류의 인
간인 노파의 여동생 리자베타가 우연히 살인 현장의 문 앞에
서 있는 것 아닌가. 완벽한 이성과 계획은 온데간데없이 라스

콜리니코프는 본능적으로 도끼를 날려 가엾은 리자베타의 머리를 두 동강 내고 만다. 이 장면은 《죄와 벌》 초반에 등장하는데 너무나 생생한 묘사와 거부할 수 없는 개연성에 심장을 진정시키며 읽어야 했다. 이 장면이야말로 도스토옙스키를 최고의 소설가로 인정하지 않을 수 없게 만드는 장면인 것이다.

톨스토이의 《안나 카레니나》에는 두 개의 철도 사고 장면이 등장한다. 철도에 치인 두 사람은 모두 끔찍한 시신을 남긴 채 사망한다. 첫 번째 죽음은 소설 앞부분에 등장하는 철로 노동자의 예기치 못한 사고이고, 두 번째 죽음은 소설의 대미를 장식하는 주인공 안나의 투신에 의한 자살이다.

《죄와 벌》의 두 살인 장면을 보면 철저히 기획된 전당포 노파의 살해보다 의도하지 않은 리자베타의 살해 장면이 더 끔찍하고 잔인하게 묘사된다. 《안나 카레니나》의 앞부분과 대미를 장식하는 두 죽음의 장면은 어떠한가? 먼저 오빠 오블론스키의 집을 찾기 위해 안나가 모스크바 역에 도착했을 때 벌어진 어느 철도 노동자의 사고 장면은 다음과 같다.

오블론스키와 브론스키는 차마 눈 뜨고 볼 수 없는 참혹한 시체를 보았다. 오블론스키는 분명히 마음이 아픈 모양이었다. 그는 얼굴을 찡그리고 당장에 울음을 터뜨릴 것 같았다. "아아 얼마나 무서운 일인가! 아아 안나, 만일 네가 저 광경을 보았더라면! 아아, 끔찍스러운 일이다!" 그는 이렇게 계속 말했다.

소설에 따르면 이제 막 역에 도착한 기차의 바퀴에 철로를 점검하던 노동자가 치여 몸이 두 동강 난 채 비참한 죽음을 당한다. 가난한 데다 딸린 식구도 많은 불쌍한 노동자의 죽음이다. 당연히 이 장면은 소설 마지막에 등장하는 안나의 자살을 암시한다.

그런데 작가라고 소설 속 인물을 이렇게 막 죽여도 되는 것일까? 소설가 김영하는 '이 시대에 신이 되고자 하는 인간'은 '창작을 하거나 살인을 하는 길'밖에 없다고 어느 소설에서 말한 바 있다. 톨스토이도 안나를 한 발짝 한 발짝, 맹렬히 달려오는 기차 앞으로 내몬다. 남편 카레닌은 이혼을 허락해 주지 않을 뿐더러 사랑하는 아들과의 만남도 금지한다. 자신을 우러러보던 사교계와 주변의 눈총은 싸늘하기만 하다. 무엇보다 브론스키가 더 이상 자신을 사랑하지 않는 것 같다. 어디로도 갈 곳 없는 안나는 결국 브론스키를 처음 만난 장소인 기차역에서 갈 곳을 찾고야 만다.

어디로 가야 할까? (…) '어째서 나는 죽지 않았던 것일까?' 하고 그 무렵의 자신이 한 말과 그때의 느낌이 기억 속에 떠올랐다. 그러자 안나는 갑자기 자기 마음속에 있는 것을 깨달았다. 그렇다,

이거야말로 모든 것을 해결하는 단 한 가지의 생각이었다. '그렇다, 죽는 일이다!'

복수로서의 죽음. 복수에 대한 일념은 사람을 그토록 모질고 강하게 만드는 것일까? 세세하게 묘사하지 않아 오히려 더 극적인 느낌을 자아내는 안나의 최후 장면은 다음과 같다.

'나는 어디에 있는 것일까? 무슨 짓을 하고 있는 것일까? 무엇 때문에?' 안나는 몸을 일으켜 뒤쪽으로 물러서려고 했다. 그러나 뭣인지 알 수 없는 거대한 것이 인정사정도 없이 안나의 머리를 한번 부딪치고 그 등을 붙잡아 질질 끌고 갔다. '하느님, 저의 모든 것을 용서해 주옵소서!' 안나는 저항이 헛된 일임을 느끼면서 재빨리 말했다.

모든 종류의 복수가 성공할 수 있다는 것은 영화나 소설이 심어 준 일종의 환상이다. 현실의 생활에서 일반인들의 복수가 성공할 확률은 지극히 낮다. 복수를 허용할 만큼 법이 녹록하지 않으며, 복수의 대상인 상대가 그리 만만하지 않다. 또 복수의 주체인 당사자가 늘 강하거나 운이 좋은 것도 아니다. 세상이 공평하거나 정의롭지 않다는 걸, 마음먹은 대로 되지 않는다는 걸, 우리는 종종 망각하고 싶어 한다.

인생이 묻고, 톨스토이가 답하다

억울한 일을 당해 우리가 할 수 있는 최고의 복수는 내가 그들보다 잘 먹고 잘 사는 것이다. 보란 듯이 행복하게 사는 것이다. 잊을 만한 것이라면 빨리 잊고 자신의 삶에 집중하는 것이다. 억울함도 불편부당한 일이겠지만, 억울한 감정을 품고 사는 일 역시 배로 힘겨운 일이다. 때에 따라선 온몸을 던져 싸워야 할 일도 생기겠지만, 그럼에도 모든 일의 최고의 복수는 그 불의한 자들보다 더 행복하게 사는 것이다.

죽음 한 방(?)으로 브론스키를 응징하고, 남편과 가족을 괴로움 속으로 떨어뜨리고, 타인들의 시선으로부터 벗어날 수 있으리라 믿었던 안나의 죽음은 어리석고 애처로워 보인다. 하긴 그녀를 죽인 것이 어디 브론스키 한 사람, 남편까지 두 사람, 혹은 특정한 몇몇 사람들이겠는가.

당대 러시아 사회가 그녀의 죽음에 책임이 있을 거라는 게 톨스토이의 생각이었을 것이다. 나아가 인간이 어울려 만든 사회의 관습과 욕망이 촘촘히 얽혀 안나를 죽음의 철길 앞으로 내몬 것일 테고, 어쩌면 인간의 생물학적 조건에도 원인이 있을 터다. 한철의 꽃처럼 피고 지는 마음을, 영원이라는 이름으로 붙잡아 두고 싶었던, 사랑에 자신을 내던진 이들의 근원적 슬픔이 아닐까.

9. 톨스토이의 젠더 감성

"여자라는 것은 사나이의 활동에 대해서 발이 걸려
넘어지게 만드는 커다란 돌이다. 여자를 사랑하면서
무슨 일을 하려고 하는 것은 어려운 일이야.
그러기 위해서는, 즉 지장이 없이 여자를 사랑할 수 있는
유일한 편법은 '결혼'이라는 거야."

소설 중반, 안나와의 결혼을 진지하게 고려하고 있던 브론스키가 자기보다 윗길의 '선수'라고 할 수 있는 친구 세르푸호프스코이에게 조언을 구한다. 세르푸호프스코이가 늘어놓는 결혼과 여성에 대한 생각들이 위에 인용한 글이다. 요점만 말해, 결혼 전의 여성은 남정네들에게 방해만 되는 존재일 뿐인데 반해, 결혼은 남성들에게 (욕구를 충족하면서)자유를 얻게 해주는 한 방법이라는 것이다.

소설에 등장하는 모든 인물들의 생각이 작가의 생각을 대변한다 할 수는 없지만, 그럼에도 책의 어떤 구절에서 작가의 목소리는 확실하게 들리기 마련이다. 작가 자신의 사상과는

정반대편 인물의 주장이라 하더라도 말이다. 결혼과 여성에 대한 세르푸호프스코이의 주장을 좀 더 읽어 보자.

그렇다, 무거운 짐을 운반하면서 양손으로 무슨 일을 할 수 있는 것은 다만 그 무거운 짐이 등에 묶여 있을 때뿐이야. 요컨대 그것이 결혼이라는 거야. 나도 결혼을 해보고서 그걸 느꼈다. 갑자기 손이 자유로워졌지. 그러나 결혼을 하지 않고 이 무거운 짐을 이끌고 가면 아무래도 양손은 자유롭지 못해서 아무것도 할 수가 없다.

나 역시 충분히 젠더적 감성을 갖지 못한 주제에 톨스토이의 젠더 감성을 판단한다는 게 좀 분에 넘치는 일 같지만, 톨스토이는 누가 봐도 이런 면에서는 다소 문제가 있어 보이는 작가다. 농민과 귀족의 불평등에 대해 그토록 문제의식을 품었던 톨스토이조차 남녀 차별에 대해선 그리 깊이 생각하지 않은 듯하다. 이 소설《안나 카레니나》가 대체로 그러하다.

한 가지 이상한 것은 톨스토이가 이 모든 부자연스러움의 원인으로 안나만을 지목한다는 점이다. (…) 브론스키의 실패에 관해서는 한마디도 없다. 다른 것은 몰라도 톨스토이가 페미니스트가 아니었던 것만은 확실하다.

— 석영중, 《톨스토이, 도덕에 미치다》에서

톨스토이를 읽다 보면, '여성혐오'가 아닐까 의심되는 부분이 제법 많다. 그렇다고 〈사이코〉나 〈새〉, 〈현기증〉 같은 영화들을 만든 알프레드 히치콕처럼 여성을 도구 수준으로 다룬 작가는 아니다. 안나의 비극을 깊이 있게 바라보는 시선이나 《부활》의 카튜사에 용서를 구하는 내용에서 여성을 단지 기계적으로, 단순한 부속품으로 다룬 것은 아님을 알 수 있다.

그럼에도 노년으로 갈수록 톨스토이는 작품 속에서 여성에 대한 혐오를 자주 토로한다. 여자를 대상화하고 여자를 악의 근원으로 보는 논리는 그의 조금 이상한 작품인 《크로이체르 소나타》에서 절정에 달한다. 몇 구절만 들여다봐도 요즘 우리 사회에선 완전히 매장당할 정도가 아닐까 싶다. 징후 비평이라고 했던가. 작가 자신도 알지 못하고 또 부인하기도 하지만, 작품에 깃든 작가의 숨은 내면과 무의식, 세계관을 가늠하는 비평적 관점에서 보더라도 톨스토이는 확실히 여성에 대해 호의적이지 않아 보인다.

한편으론 수많은 시행착오를 거쳐 지금 이렇게 진전된 도덕적 감수성으로 먼 과거의 작가들을 폄하하고 재단하는 것이 편치만은 않다. 계급과 노동 문제가 도덕적 판단의 중요 잣대이던 80, 90년대에 '귀족과 왕들의 이야기만 쓴 셰익스피어를 읽어 뭐하나?'던 비판도 떠오른다.

최근에 젠더 감성에 관한 글들을 읽고, 그 기준으로 근대 문학사의 명작이란 소설들을 다시 읽어 보았다. 감수성의 혁명을 불러일으켰다는 김승옥이나 전후 최고의 작가라는 최인훈, 그 외 여러 유명한 문인들의 작품에도 이런 감수성으로 볼 때 비난받을 만한 것들이 한두 작품이 아닌 듯싶었다. 그 작품들을 다 폐기해야 할 것인가.

소비에트 정권의 실패를 일컬어, 지나치게 도덕적인 톨스토이의 작품들만을 수용하고 일그러진 인간, 비이성적인 인간, 광기의 인간들을 탐구한 도스토옙스키의 캐릭터를 수용하지 못한 미학적 한계에서 찾는 의견에 대체로 동의한다. 게오르크 루카치 같은 마르크스주의 평론가는 카프카 같은 작가를 '검은 작가'라 폄하했지만, 또 다른 마르크스주의자들인 발터 벤야민이나 사르트르, 카뮈 등은 카프카의 세계를 적극 받아안았다. 반듯하고 도덕적이기만 한 인물들만 등장하는 문학과 예술작품보다, 나로서는 편견덩어리에 나약하고 때론 비도덕적인 인물들을 보여 주는 작품들에 관심이 많다. 그렇게 인간이 무엇인지 알고 싶다. 그들 작품 속에서 교훈과 철학, 비판적 관점을 얻는 것은 독자 개개인의 몫이다. 우리가 문학작품을 읽는 이유가 무엇이던가.

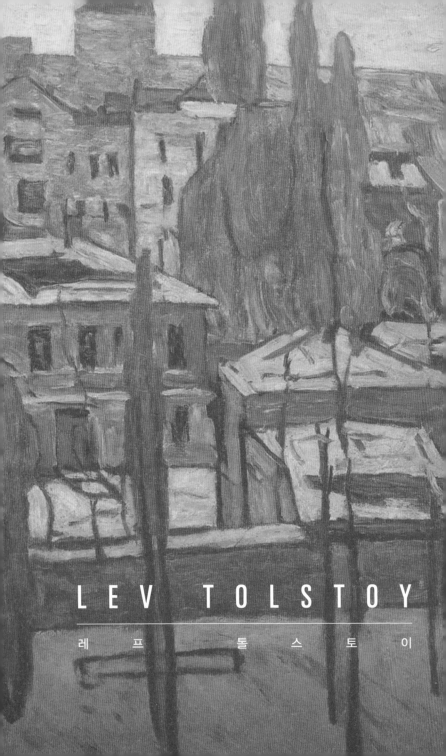

LEV TOLSTOY

레 프 톨 스 토 이

사람은
무엇으로 사는가?

Skazka ob Ivane-durake
Mnogo li cheloveku zemli nuzhno
Bog pravdu vidit, da ne skoro skazhet
Chem Lyudi Zhivy

단편 우화집   바보 이반 / 사람에겐 얼마만큼의 땅이 필요한가
하느님은 진실을 보지만 바로 말하지는 않는다
사람은 무엇으로 사는가

10. 위대한 동화작가 톨스토이 _〈바보 이반〉

> 옛날옛날 그 옛날, 어느 나라의 어느 마을에 부유한 농부
> 한 사람이 살고 있었다. 이 농부에게는 세 아들과 딸
> 하나가 있었는데, 즉 무관인 세묜은 임금님을 섬기러
> 전쟁터에 나갔고, 배불뚝이 따라스는 장사 기술을 배우러
> 문 안의 장사치한테로 갔으며, 바보인 이반은 누이와 함께
> 집에 남아서 농사일을 하고 있었다.

톨스토이는 셰익스피어의 작품을 꽤나 통렬하게 비난한 것으로 알려졌다. 당대뿐 아니라 과거 선배들의 문학과 예술작품에도 독설을 퍼붓기 일쑤였는데, 특히 셰익스피어를 집중 비난하여 1903년 〈셰익스피어와 드라마에 관해〉라는 에세이를 쓸 정도였다고 한다. 톨스토이에 따르면 셰익스피어는 그 드높은 명성에도 불구하고 어떤 이상이나 인류에 대한 책임의식도, 도덕성도 없는 작가라는 것이다.

이런 와중에 모처럼 〈바보 이반〉을 펼쳐 읽다가 그 이야기 속에서 뜻밖에 셰익스피어의 그림자를 느꼈다고 하면 지나친

오독일까? 톨스토이가 그토록 경멸해 마지않았다는 《리어왕》의 그림자가 많이 어른거려 보였다. 늙어 오만해진 리어 왕은 자신의 세 딸에게 왕국을 분할해 물려줄 생각을 하고 딸들에게 자신에 대한 애정, 혹은 충성 테스트를 한다. 자신에게 아첨하는 두 딸의 말에 넘어간 그는, 평소에 가장 아꼈던 막내딸 코델리아의 사심 없는 말에 크게 노하여 그녀를 추방하기에 이른다.

〈바보 이반〉의 앞부분을 펼쳤다가 나는 속으로 '이거야말로 《리어 왕》이 아닌가!' 하고 무릎을 쳤다. 세 아들과 딸 하나를 둔 부농 아버지가 자식들에게 재산을 분배하는 장면인데 그는 리어 왕만큼 어리석지는 않았던 것 같다. 어쨌든 이 아버지가 무관인 첫째 세몬과 장사치인 배불뚝이 둘째 따라스에게 재산을 다 물려주어 바보로 불리는 이반과 귀머거리 딸에게는 돌아간 게 없다. 그래도 이반과 딸은 불만이 없다. 형들에게 다 양보해도 괜찮다고. "그렇게 하세유~" 하고.

장을 넘겨 다음 페이지에서 나는 또 한 번 셰익스피어의 그림자를 만난다. 재산 분배의 광경을 멀리서 지켜본 도깨비(마귀)들이 이 화목해 보이는 가족, 우애 좋아 보이는 형제들을 도저히 참을 수 없어 그들을 이간질하기로 작정한다. 그리하여 형제들 앞에 각자 나타나 그들 안에 잠든 탐욕을 부추긴다. 이거야말로 셰익스피어의 비극 《맥베스》에서, 장군 맥베스의 길을 가로막으며 나타나 그로 하여금 왕위 찬탈의 꿈을 부추기는 세 마녀의 모습이 아닌가!

물론, 이것은 어디서도 듣거나 읽어 보지 못한 순전한 개인의 감상이자 해석이다. 아니, 내가 톨스토이만큼이나 좋아하는 셰익스피어에 대해 톨스토이가 좀 너그럽게 봐줬으면 하는 마음을 투영한 것인지도 모르겠다.

아무튼 〈바보 이반〉의 줄거리는 좀 황당하다. 호밀과 귀리 속에 숨어 있던 도깨비들을 살려 주는 대가로 병사와 돈을 만드는 방법을 이반이 배우게 된다는 것, 도깨비들의 이간질과 방해로 몰락한 형들이 이반에게 찾아와 도움을 구한다는 것, 이반이 자신을 찾아온 형들에게 보릿단으로 병사를 만들고 나뭇잎으로 돈을 만들어 줌으로써 형들의 재기를 돕는다는 것, 이반이 그 나라 공주의 병을 고쳐 공주와 결혼하고 그 역시 왕이 된다는 것, 그러나 결국 탐욕스런 형들의 왕국은 멸망하고 열심히 노동하며 먹고사는 바보 이반의 왕국과 백성만이 오래오래 행복하게 잘살게 된다는 내용이다.

〈바보 이반〉을 다시 펼쳐 들며 생각난 것인데, 곰곰이 돌아보니 나의 톨스토이 애독과 흠모는 꽤 오래된 것이었다. 초등학교 저학년 때 나에게 가장 재밌는 동화, 혹은 이야기를 물으면 틀림없이 나는 〈바보 이반〉이라고 대답했을 것 같다. 나

는 그 이야기를 어느 동화책인가, 만화책을 통해 접했다. 지금
도 바보 이반이 밭에서 자그맣고 까만 마귀를 손끝으로 끄집
어 내 거꾸로 대롱대롱 매달고 있는 책의 삽화가 아른거리며
떠오른다. 아, 그토록 오래전부터 나는 톨스토이의 책을 애독
하고 있었구나. 톨스토이는 위대한 소설가이기에 앞서 이처
럼 위대한 동화작가이기도 했다.

〈바보 이반〉은 어린 나에게 그림형제나 안데르센의 동화와
는 다른 무언가로 다가왔다. 어처구니없는 스토리로 비쳤을
지도 모르는데 그 이야기가 주는 교훈이 의미심장하게 다가
왔다. 그렇다면, 노년에 접어든 톨스토이의 새로운 글쓰기 전
략은 어느 정도 성공한 것이다. 이미 《전쟁과 평화》, 《안나 카
레니나》로 세계적인 작가 반열에 오른 톨스토이는 나이 쉰
무렵에 찾아온 극심한 마음의 갈등으로 인해 새로운 사람, 도
덕적인 인간이 되기로 마음먹는다. 톨스토이는 문학에 대해
서도 전혀 다른 생각을 품게 된다. '내 영지에 사는 농민들이
읽기에 그동안 써 온 소설들은 너무 어려운 것이 아닐까? 그
들도 쉽게 이해하고 교훈을 얻을 수 있는 쉬운 소설을 써야
하지 않을까?' 하고. 그렇게 탄생한 것이 《안나 카레니나》로부
터 10여 년 뒤에 쓰인 〈바보 이반〉 같은 단편 우화들이다.
　결과적으로 민중을 위한 이 단편 우화들을 통해 톨스토이

의 위대함은 더욱 탄탄하게 완성되고 드높아졌다.《전쟁과 평화》,《안나 카레니나》,《부활》등 정통 소설만으로 구축된 톨스토이의 세계는 어딘가 좀 불완전해 보인다. 역시 이런 좀 쉬워 보이는, 그러면서 더욱 깊은 통찰과 교훈, 비유를 담은 우화들이 그의 연보에 기록돼 있음으로 해서 큰 스승 톨스토이가 완성되는 것이다.

인생이 묻고, 톨스토이가 답하다

11. 일하지 않는 자는 먹지도 말라_〈바보 이반〉

> 그러나 이 나라에는 꼭 하나의 습관이 있다.
> 손에 못이 박힌 자는 식탁에 앉게 되지만 못이 박히지 않은
> 자는 먹다 남은 찌꺼기를 먹어야 하는 것이다.

톨스토이는 손과 등으로 일을 해야 한다고 믿었고 그걸 누누이 강조한 사람이다. 그토록 영민한 두뇌로 90여 권에 달하는 어마어마한 책들을 쓰며 자신의 사상을 펼친 사람이지만, '머리'로 하는 일을 폄하하고 '몸'으로 하는 노동을 신성시했다.

《안나 카레니나》의 백미로 꼽히는 장면도, 도시에서 별 재미를 못 본 주인공 레빈이 시골로 돌아와 농부들과 함께 들판의 밀을 베며 농사일에서 즐거움을 구하는 부분이다. 노동을 하며, 심지어 레빈은 이렇게까지 말한다. "아무튼 육체노동이 필요하다. 그렇지 않으면 내 성격은 완전히 망쳐지고 말 것이다"라고. 그러면서 사회주의자이자 저명한 저자인 이복형, 창백한 지식인의 전형인 인물에게 이렇게 말하기도 했다.

믿을 수 없는 얘기일지 모릅니다만 쓸데없는 잡념을 깨끗이 머릿속에 쫓아내는 데엔 그것만큼 유효한 요법은 없어요. 나는 Arbeitskur(노동요법)라는 새로운 술어를 만들어 의학에 공헌할까 하고 생각해요.

– 《안나 카레니나》에서

노동이 비천하고 낮은 것으로 치부되는 시선이야말로 병든 사회의 징표다. 물론 '노동'이란 말이 때론 기만적으로 다가올 때도 있다. 저 악명 높은 아우슈비츠 수용소의 입구에 적힌 캐치프레이즈도 '노동이 너를 자유롭게 할 것이다!'였다. 또한 노동하고는 먼 삶을 살아가는 창백한 지식인들이 노동자, 농민을 쉽게 운운하는 일은 예나 지금이나 거부감을 느끼게 한다. 톨스토이가 이런 혐의에서 비교적 자유로운 것은 그가 직접 손에 못이 박히도록 농부들 틈에서 일에 몰두했기 때문이다. 하도 노동의 신성함을 강조한 탓인가, 혹은 계급의 높고 낮음을 떠나 모든 사람이 평등하게 노동에 종사할 것을 종용한 탓인가, 톨스토이는 종종 사회주의자, 급진적 혁명가로 치부되곤 했다. 실제로 사회주의 혁명으로 탄생한 소비에트에서 톨스토이의 사상은 (도스토옙스키와는 대조적으로)높이 평가되어 널리 권장되기도 했다.

《안나 카레니나》의 애독자였던 레닌은, "톨스토이는 《안나 카레니나》 속에서 레빈의 입을 통해 이 반세기에 있어서의 러시아 사(史)의 전환점이 어디에 있었는지 아주 분명하게 표현했다."라고 말하여, '러시아 혁명의 거울로서의 톨스토이'를 높이 평가하고 있다.

– 오기완, 《안나 카레니나》 해설에서

우화로 읽히는 〈바보 이반〉에서도 노동의 신성함은 더욱 강조된다. 군사와 무력으로 왕국을 일으킨 큰형과 돈과 무역으로 흥한 둘째 형의 왕국보다, 꾀를 피우지 않는 부지런한 노동으로 왕국을 일구어 가는 이반의 백성들이 결국 해피엔딩의 왕국을 이룬다.

그렇다. 바보 이반도 왕이 되었다. 그 많은 동화의 주인공들처럼 공주의 심각한 병을 고쳐 준 포상으로 선왕이 그를 사위 삼고 선왕이 죽자 왕위를 이어받게 된다. 톨스토이조차도 이런 부분은 동화의 전형적인 문법을 그대로 차용하고 있다. 하긴 그편이 새롭게 목표한 독자층인 농부들과 민중이 이해하고 공감하기에 더 효과적이었을 터다. 그런데 선왕이 죽어 왕위에 오르자마자 이반이 한 일이 있다.

장인의 장례를 치르기가 바쁘게 그는 임금의 의대를 다 벗어 던지고 그것을 왕비의 옷장에 집어넣게 했다. 그리고 자기는 다시 삼베 속옷에 잠방이를 걸친 데다 짚신을 신고 일에 매달렸다. "나는 도무지 답답해 못 견디겠어. 배만 자꾸 커지는 데다 먹을 수도 잠을 잘 수도 없으니 말이야." 하고 그는 말했다.

대신들이 "당신은 임금님이 아니십니까!" 하고 이를 말리자 이반은 말한다. 임금도 자기가 먹을 건 자기가 일구고 만들어 먹어야 한다고. 또한 이반의 귀머거리 여동생은 궁궐의 부엌을 맡아보는데, 그녀가 보기에 게으름뱅이들은 '일은 하지도 않는 주제에 꼭 맨 먼저 밥을 먹으러 와서는 장만해 놓은 음식을 싹싹 먹어치운다'는 것이다.

그래서 여동생은 나름 게으름뱅이를 판단하는 기준을 세운다. 단순하다. 손에 못이 박혀 있는지 그렇지 않은지로 판단하는 것이다. 못이 박히지 않은 사람에게는 먹다 남은 찌꺼기를 준다. 일하지 않는 자는 먹지도 말라는 것이다. 귀빈이나 고위직에게도 예외가 없다. 이 부지런한 바보들의 나라를 멸망시키기 위해 우두머리 도깨비가 잠입해 갖은 술수를 다 펼치지만 그 역시 식탁에 앉자마자 쫓겨나 찌꺼기를 먹게 된다. 이반의 형들의 왕국에선 잘 통하던 마법이 이 나라에서는 도무지 먹혀들지 않는다. 바보들의 우직한 노동 앞에 해로운 도깨비도 마침내 박멸되고 만다.

인생이 묻고, 톨스토이가 답하다

톨스토이가 얘기하는 '노동'은 대단히 고되고 어려운 노동은 아닌 듯하다. 어떤 위대한 업적을 성취하자는 것도 아니고 단지 자기가 먹을 건 자기가 만들어 먹자는 정도다. 자기 빨래는 자기가 해 입고 자기 집의 낡은 곳은 자기가 수리하며 쉽게 말해, 자기 집 앞에 쌓인 눈은 자기가 치우며 살자는 정도인지도 모른다. 그가 말하는 노동이란 건강을 위한 일상의 운동에 가깝단 생각마저 든다. 못 박히고 검게 탄 손이 아니라 창백한 하얀 손을 부끄러워해야 한다는 것이다.

의심할 여지없는 행복의 조건은 바로 노동이다. 그 첫째는, 자기가 좋아하는 자유로운 노동이며, 두 번째는 식욕을 돋우고 깊고 조용한 잠을 자게 해주는 육체노동이다.

－《인생이란 무엇인가》에서

12. 바보들의 나라, 성자들의 나라 _〈바보 이반〉

> 똑똑한 사람은 모두 이반의 나라를 떠나 버리고 남은
> 것은 그저 바보뿐이었다. 돈이라는 것은 어느 누구에게도
> 없었다. 모두 일을 하여 자기 스스로 살아감과 동시에 착한
> 사람들을 도와주면서 살아 나갔다.

성경 속의 예수는 '비유가 아니면 말하지 아니하였다' 할 만큼 비유에 능한 달인이었다. 겨자씨의 비유라든가 강도를 만난 비유, 수많은 비유들이 그의 입을 통해 사람들에게 전달되었다. 왜 비유를 쓰는가? 민중들을 이해시키고 설득하기 위해서다. 지식과 논리로 무장한 지식인의 날카롭고 어렵고 차가운 말들이 아니라, 삶의 경험과 공감이 묻어나는 따뜻한 민중의 언어가 그 비유 속에 담겨 있다. 비유는 또한 시(詩)적인 언어다. '메타포'라고도 하는 은유의 방법은 시를 위대하게 만드는 강력한 무기다.

비유는 '이야기'의 외피를 입고 '우화'로 탄생하기도 한다. 리얼하게 세상을 반영하려는 본격 소설에서 우리가 어떤 교

훈을 얻기 위해선, 넉넉한 분량과 복잡한 인물과 구성, 줄거리가 개연성 있게 펼쳐져야 하는데 그게 쉬운 일이던가? 위대한 《안나 카레니나》만 봐도 결과적으로 주제가 무엇인지, 하고자 하는 말이 무엇인지 쉽게 판단할 수 없다. 우화는 이와 다르다. 동물들이 말을 하고 신과 악마가 등장하며 논리와 물리법칙은 고리타분한 이야기일 뿐이다. 세상을 단순화하고 교훈을 명확히 한다. 카프카가 《변신》이란 소설에서 멀쩡한 회사원을 하루아침에 벌레로 변신시킨 뒤 우화의 시대는 끝났다고 한 평론가는 말했지만, 우리 영혼에 깊은 울림과 지혜를 주는 우화는 여전히 널리 읽힌다.

분량마저 어마어마한 소설들을 통해 디테일과 스케일에서 굉장한 솜씨를 보인 톨스토이지만, 톨스토이의 또 다른 직업은 매우 훌륭한 우화작가, 동화작가다. 이는 그를 단순히 글솜씨만 좋은 작가 이전에 영혼의 '스승'이자 '예언자'로 드높인다. 이미 전쟁터에서 돌아온 직후인 1859년 무렵부터 자신의 영지에 아이들을 위한 무료 학교를 세우고 학습 교본을 직접 만들어 가르친 톨스토이는 훌륭한 교육자이기도 했다. 그 뒤에도 톨스토이는 속담과 격언, 우화, 동화 등을 담은 '독본' 류의 책을 꾸준히 집필했다. 노년에 이르러서는 아이들뿐만 아니라 농민과 민중들이 그리스도의 말씀을 알기 쉽게 이해할 수 있도록 더 많은 우화, 민화 등을 집필했고 동서고금의 지혜와 명언을 모은 책도 저술했다. 이 독립된 장에서 소개하는 아름답고 심오한 단편 우화들이 모두 그《독본》에 실려 있다.

우리가 흔히 〈바보 이반〉이라고 말하는 이 작품의 원제는 〈바보 이반과 그의 두 형인 무사 세몬, 배불뚝이 따라스 그리고 벙어리 누이 말라니야 그리고 늙은 악마와 세 새끼 마귀 이야기〉다. 제목에 소설의 등장인물들이 거의 모두 등장한다. 바보가 등장하고 악마들이 등장한다. 그리고 말도 안 되는 마술이 펼쳐져 삼 형제는 왕국의 왕들이 된다. 그러나 가장 위대한 왕국을 이룬 것은 묵묵히 노동하고 사랑하는 바보들의 나라, 즉 이반의 왕국이다. (악마를 놓아주는 대가로 악마들에게 터득한)마술을 통해 형들에게 병사와 돈을 만들어 준 이반에게 전쟁과 무역으로 쫄딱 망한 형들이 다시금 찾아온다. 그러나 이번에는 이반이 형들의 부탁을 일언지하에 거절한다.

형님에게는 이제 더 이상 군사를 만들어 드리지 않겠습니다. 왜냐하면 형님의 군사가 사람을 죽였기 때문이에요. 나는 군대란 건 노래를 부르는 것으로만 알고 있었는데 사람을 죽였다잖아요. 그러니까 나는 이제 더는 군사를 만들지 않기로 했어요. (…) 안 돼요. 이제 더는 금화를 만들지 않겠습니다. (…) 나는 형님이 금화

를 노리개로 삼고 있는 줄로만 알고 있었는데 어린애들한테서 암
소를 빼앗아 가 버렸어요. 나는 이제 형님에게는 금화 따윈 만들
어 드리지 않겠습니다.

이런 구절을 보면 톨스토이의 경제를 보는 눈, 사회 구조에
대한 통찰력이 결코 적지 않았음을 알 수 있다. 둘째 형 따라
스에게 돈을 만들어 주지 않겠다는 이유를 보면, 한쪽의 부가
가난한 이들의 가진 것을 어떻게 빼앗고 착취하는지 농부들
에게 쉽게 가르치려 한 의도를 엿볼 수 있다. 톨스토이가 마
르크스를 비롯한 당시의 사회, 경제 사상들을 몰랐을 리 없을
것이다. 오히려 이 우화를 쓸 무렵에 그는 스펜서나 헨리 조
지, 칸트 등 굉장히 중요한 정치·경제 사상 관련 서적들을 읽
은 것으로 기록돼 있다. 그걸 민중의 언어로 쉽게 '번역'한 것
에 톨스토이의 위대함이 있다. 진정한 전문가란 어렵고 딱딱
한 내용들을 쉽고 재밌게 풀어내는 사람이라지 않던가.

대학 시절 러시아 문학수업에서 들은 용어지만, 러시아 문
학 전통에 면면히 이어져 온 '유로지비'라는 사상이 있는 것
으로 안다. '진리에 가까운 바보의 모습을 한 성자'를 일컫는
말로, '바보 성자', '성스런 바보'라 할 수 있다. 다분히 러시
아 정교의 종교색이 강한 개념이다. 도스토옙스키의 소설《백

치》는 제목 자체가 '유로지비'와 연결된다. 《백치》의 주인공
으로 바보 같지만 절대 순수한 사람의 전형인 므이시긴 공작
이 유로지비의 대표 인물이고, 《죄와 벌》의 창녀 소냐 역시
유로지비로 분류된다. 〈바보 이반〉의 이반이야말로 톨스토이
가 우화를 통해 창조한 대표적 유로지비가 아닐까 싶다. 그의
왕국이야말로 유로지비들의 왕국이 아니던가.

톨스토이의 사상은 흔히 (사회주의와는 다른)무정부주의 사
상으로 분류된다. 무정부주의, 아나키즘은 그 실체나 사상들
을 하나로 묶는 특징들이 뚜렷하지 않다. 테러리즘과 연결
된 바쿠닌 식 무정부주의가 있는가 하면, 세금 납부를 거부하
고 시민 불복종을 외치며 '자발적 가난'을 실천한 헨리 데이
빗 소로 식의 무정부주의도 있다. 《부활》에서도 보겠지만 만
년의 톨스토이는 꽤 투철한 아나키스트가 되어 있다. 법도 교
회도 형무소도 필요 없는 세상을 설파한다. 굳이 분류하자면
'기독교적 무정부주의'쯤 될까?
〈바보 이반〉은 그러니, 대단히 정치적인 우화 소설일 것이
다. 톨스토이 식 무정부주의 사상의 '신화'라 불릴 만하다. 어
릴 적부터 이 소설을 좋아했던 이유가 혹시 그런 데 있던 것
은 아닐까?

인생이 묻고, 톨스토이가 답하다

13. '하루치'의 땅 _<사람에겐 얼마만큼의 땅이 필요한가>

"항상 하루치 얼마로 팔고 있지요. 말하자면 그 사람이
하루 종일 걸은 만큼의 땅을 드리는 거죠. 그래서 1천
루블이라는 겁니다. 다만 한 가지 조건이 있습니다. 만약
하루 안에 출발점까지 돌아오지 못하면 그건 무효가
됩니다."

흔히 '암흑'의 시대였다는 중세를 지나 세상이 '근대'로 이행
하는 데에는 몇 가지 도구가 큰 역할을 했다고 한다. 시계(혹
은 달력)와 나침반 같은 것들이 그것이다. 자연에 존재하는 보
이지 않는 시간을 수치로 붙잡아 두고, 자연의 공간을 구획하
거나 방위를 계량화하면서 인간은 그때까지 신이 창조한 영
역이자 자신들과 조화롭게 공존해 온 자연에 처음 메스를 가
하기 시작한다.

  해가 뜨면 일어나고 배가 고프면 아침을 먹고, 다시 배가
고파 오면 점심과 저녁을 챙겨 먹고 밤 깊어 잠자리에 들던
자연의 시간과 삶은 시계와 달력이 벽에 걸리며 끝이 났다.

전기가 발명돼 밤에도 낮처럼 환하게 생활할 수 있게 되면서 우리는 더 많은 일을 할 수 있게 되었다. 컴퓨터와 인터넷이 보급되며 일터에 나가지 않고도 집에서 일을 해낼 수 있는 위대한 시대에 우리는 살게 됐다. 그런데 정말 위대하고 훌륭한 시대가 열린 걸까? 누군가는 전기를 발명한 에디슨 같은 발명가를 일컬어 '잠 도둑들'이라 조롱하기도 했다. 우리가 중세 시대 사람보다 충분히 자고 충분히 휴식하며 좀 더 인간답게 사는지 종종 의문이 들기도 한다.

어릴 적엔 톨스토이 단편 우화 중 〈바보 이반〉에 깊은 감명을 받았다면, 청년 시절 감명을 받은 우화는 〈사람에겐 얼마만큼의 땅이 필요한가〉였다. 파울로 코엘료가 《연금술사》에 삽입된 프롤로그의 이야기를 두고 "아! 너무나도 아름다운 이야기다!"라고 감탄한 것처럼, 나도 이 소설을 읽고 탄복했다. '이거 정말 근사한 얘기인데!' 하고. 그런데, 나만 그런 것도 아닌가 보다. 많은 작가와 독자들이 이 소설을 톨스토이 최고의 우화, 또는 작품으로 평하는 데 주저하지 않았다. 제임스 조이스 같은 작가는 이 작품을 '세계에서 가장 위대한 문학'이라고까지 칭송했다.

소설은 액자식으로 구성되어 본 내용으로 더디게 들어가지만 이야기는 간단하다. 땅을 일궈 어느 정도 부를 얻은 빠홈이라는 농부가 더 많은 땅을 사려고 돌아다니다가, 어느 마을에서 귀가 솔깃해지는 제안을 듣게 된다. 하루 종일 걸은 만큼의 땅을 단돈 1천 루블에 팔겠다는 것이다. 이 특이한 종족의 사람들이 사용한 수치가 '하루치'란 단위다. 시계와 나침반 같은 게 생겨나기 전에나 쓰였을 법한 도량형 단위다.

그런데 늘 단서와 조건이 문제다. '만약 하루 안에 출발점까지 돌아오지 못하면' 계약은 무효가 된다는 것. 그런 단서와 조건 속에 '악마'가 산다. 부귀를 얻기 위해선 기꺼이 영혼을 팔아야만 한다. 빠흠은 '하루치' 땅을 사러 가기 전날 악몽을 꾼다. '하루치' 땅을 언급한 촌장이 자신에게 촌장을 소개한 상인의 모습으로 바뀌고, 또 그 상인을 소개한 농부로 변하여 그들이 한꺼번에 악마로 변하나 싶더니 그 악마 앞에 죽어 쓰러져 있는 남자를 보게 된다. 그는 바로 빠흠 자신이다.

이튿날 뙤약볕 아래 '하루치'의 땅을 얻기 위한 탐욕의 걷기는 결국 그를 죽음으로 인도한다. 단서와 조건, 즉 '하루 안에 출발점까지 돌아오지 못한' 채 그는 꿈속의 장면처럼 죽음을 맞는다. 그들의 발치 아래서.

이 우화에서 주인공 빠흠은 자신의 과도한 욕심으로 인해 땅을 차지하지 못한 채 사망하지만 이미 이 우화를 쓸 즈음, 토지에 대한 톨스토이의 굳은 생각은 '토지는 소유나 매매의 대상이 되어선 안 된다'는 것이었다.

> 토지가 사유의 대상이 되어서는 안 된다. 물, 공기, 일광과 마찬가지로 매매되어도 안 된다. 모든 사람은 토지에 대해서, 그리고 토지에서 얻어지는 이익 전체에 대해서 동등한 권리를 가지고 있다.
>
> — 《부활》에서

> 어느 누구도 땅을 소유할 권리를 가져서는 안 된다.
>
> — 《인생이란 무엇인가》에서

어느 책에 정리된 톨스토이의 연보를 훑어보다가 대번 눈을 사로잡은 이력 하나를 발견했다. 1886년, 벌써 예순에 가까운 톨스토이가 모스크바에서 자신의 영지가 있는 야스나야 폴랴나까지 닷새에 걸쳐 도보로 걸어왔다는 대목이다. 내 스스로 톨스토이의 묘지를 찾기 위해 모스크바에서 기차를 타고 대도시 툴라에 도착해 툴라에서 버스를 타고 야스나야 폴랴나까지 가 보았던 긴긴 여정이 떠올랐다. 그 머나먼 길을 세상에나, 노인이 다 된 톨스토이가 오로지 두 다리로 답파했다니! 이 무모한 도보 여행보다 10여 년 앞서 쓴 《안나 카레니나》를 보면, 기차나 마차 같은 교통수단이 그때에도 있었을 텐데 말이다. 내겐 그 도보 여행의 이력이 톨스토이 연보의 그 어떤 내용보

인생이 묻고, 톨스토이가 답하다

다 중요하게 다가왔다. 나를 더욱 흥분시키는 것은 이 단편 우화 〈사람에겐 얼마만큼의 땅이 필요한가〉를 집필한 시기가 바로 그 무렵과 겹친다는 것이다. 도보 여행과 이 소설 사이에 어떤 연결고리가 있지 않을까 짐작해 본다.

흔히 '걷기'는 하나의 명상이요 수행의 방법으로 많은 현자들이 예찬해 왔다. '걷기'야말로 톨스토이와도 참 잘 어울리는 수행법인 것 같다. 그도 걷는 행위 속에 깃든 위대한 비밀을 알고 있었을 터다. 《걷기예찬》을 쓴 다비드 르 브르통이 '가없이 넓은 도서관'이라고 말한 그 '걷기'란 행위를. 과욕으로 점철된 빠흠의 무리한 '걷기'가 그를 망쳤지만 걷기엔 진정 위대한 힘이 있음을 말이다.

(걷기란) 매번 길 위에 놓인 평범한 사물들의 이야기를 들려주는 도서관, 우리가 스쳐 지나가는 장소들의 기억을 매개하는 도서관인 동시에 표지판, 폐허, 기념물 등이 베풀어주는 집단적 기억을 간직하는 도서관이다.

– 다비드 르 브르통, 《걷기예찬》에서

14. 죽은 자에겐 얼마만큼의 땅이 필요한가

_〈사람에겐 얼마만큼의 땅이 필요한가〉

하인은 괭이를 집어 들고 빠흠의 무덤으로 머리에서
발끝까지의 치수대로 정확하게 3아르신(1아르신은
약 70센티미터)을 팠다. 그리고 그를 묻었다.

결국 빠흠은 욕심을 내 너무 멀리까지 걸어간 나머지 해가 지
기 전에 출발점으로 돌아오지 못한다. 아니, 출발점에 간신히
도착했지만 곧바로 피를 토하고 쓰러져 죽는다. 그에게 '하루
치' 땅을 제안한 촌장이 그를 파멸로 이끈 악마였는지 신이었
는지는 알 수 없다. 곧바로 하인이 빠흠의 신장과 딱 들어맞
는 치수의 땅을 파서 그를 묻고 소설은 끝난다.

　톨스토이 우화 가운데 수작이라 생각하는 〈사람에겐 얼마
만큼의 땅이 필요한가〉는 이렇듯 군더더기 없이 무척 건조한
문체로 끝난다. 영화 〈아마데우스〉에서 내팽개치다시피 무덤
에 던져지는 모차르트의 시신을 떠올리게 한다. 이렇다 저렇
다 논평이 따라붙지 않는다. 흡사, 죽음이란 무척 건조한 일에

불과하다고 말하는 듯이. 실제로 이 소설은 많은 비평가들에 의해 '단 하나의 불필요한 단어도 사용하지 않고 매우 정확한 문체로 쓰인 가장 조화로운 이야기'(김세일, 《러시아 독본》 해설에서)로 꼽힌다고 했다.

그 너른 '하루치'의 땅을 원했던 빠홈이 묻힌 묘지는 역설적으로 2미터 남짓한 구덩이에 불과했다. 소설의 이 마지막 문장이 특별히 감명 깊은 수사나 세련된 표현을 보여 주는 것은 아니다. 다만 내가 이 구절을 특별히 음미하는 것은 몇 번의 고생 끝에 다녀온 작가 톨스토이의 묘지가 떠올라서다.

. 모스크바에서 기차를 타고 세 시간 정도 달리면 남쪽으로 약 185킬로미터 거리에 위치한 대도시 툴라에 다다르고 거기서 미니버스를 타고 반 시간여, 대략 15킬로미터를 더 달리면 톨스토이가 나고 자라 살다가 묻힌 야스나야 폴랴나의 영지에 도착한다. 모스크바에 갈 때마다 시간을 내어 야스나야 폴랴나에 가 보려 했는데 두어 번인가 허탕을 친 적이 있다. 그중 한 번은 툴라까지 가서 되돌아갈 기차 시간이 맞지 않아 하는 수 없이 돌아온 것이다. 개인 여행자가 모스크바에서 하루 안에 다녀오기엔 다소 어려운 곳이었다.

세 번째로 시도한 지난겨울 야스나야 폴랴나 행에는 1박 2일로 시간을 넉넉히 갖고 출발했다. 툴라에 점심 무렵 도착해 숙소를 먼저 잡고 오후에 먼저 야스나야 폴랴나에 한 번 다녀왔고, 이튿날 아침부터 툴라 시내에 눈발이 흩날릴 때 다시 한 번 행장을 꾸려 찾아갔다. 영지 안에는 톨스토이가 태어나 살았던 생가를 박물관으로 개조한 건물과 그밖에 여러 부속 건물과 장소가 있지만, 무엇보다 한달음에 달려가 찾아가고 싶었던 장소는 그의 생전 육신이 누워 있을 무덤이었다. 저녁의 어스름이 숲속에 깃들어 어둑해져 갈 때 톨스토이의 묘지는 깊은 침묵으로 더 많은 말을 들려주었다.

인류 지성사에 어마어마한 거인으로 우뚝 선 톨스토이의 묘지가 2미터 남짓한 봉분으로 외딴 숲속에 자리하고 있었다. 묘비나 그 어떤 장식물도 없다. 인용한 우화의 마지막 두 줄은 마치 톨스토이 자신의 장례와 묻힐 자리를 예언하는 것처럼 보인다. 겨울 저녁이라 그럴까, 무척이나 외롭고 쓸쓸해 보이는 묘지였다. 버려진 무명인의 무덤처럼 보였다. 묘지를 덮은 흰 눈이 오히려 따뜻한 이불같이 보였다.

전하는 이야기에 의하면, 어린 시절 큰형으로부터 들은 전설의 푸른 지팡이가 그 부근에 묻혀 있을 거라는 얘기 때문에 그곳에 묘를 써달라는 유언을 했다고 한다. 세상 모든 사람을 행복하게 해주는 푸른 지팡이가 그 숲속 어딘가에 있을 거라고. 노년에 극단적인 도덕을 추구하며 저작권조차 포기하고 농민들과 함께 땀 흘리며 몸을 낮춘 톨스토이는 자신의 묘에 아무런 묘비나 장식도 세우지 말라고 일렀다.

사망 두 해 전인 1908년은 그의 나이 팔순이 되는 해였다. 그의 팔순 생일을 축하하기 위해 전 세계 지식인들이 자발적인 생일축하 위원회를 구성했을 때에도 이 나이든 스승은 간곡하게 이를 거절했다. 그럼에도 그의 팔순 축하 열기는 식을 줄을 몰랐다. 토머스 하디, 헨리 제임스, 버나드 쇼, H.G. 웰즈 등 당대 최고의 작가들이 포함된 800여 명의 축하위원회가 구성되었고 세계 각지로부터 축하 편지가 도착했다고 한다. 이미 그는 세계적인 저명인사이자 스타였다. 그럼에도 그의 묘지는 어쩌면 이렇게 자그맣고 단출하단 말인가.

알려진 대로 톨스토이는 저작권과 유언장을 둘러싼 주변의 극심한 갈등을 견디다 못해 1910년 가을, 생의 마지막 시간을 고요와 평온 속에 보내고 싶다며 아무에게도 알리지 않고 정든 영지를 떠났다. 그러나 그는 오래가지 못했다. 영지에서 멀지 않은 아스타포보 역에서 몸이 쇠약해진 노옹은 심한 열병에 걸려 기차역 역장의 관사 침대에 누웠다. 노옹은 끝내 일어나지 못했다. 고요한 마무리를 원했지만, 그의 거처가 알려지며 그 며칠은 온 세상이 소란스러웠다. 그의 죽음이 임박했다는 소식은 전 세계로 타전돼 큰 관심을 불러일으켰다. 11월

6일 밤, "진리를… 나는… 사랑한다"는 말을 남긴 톨스토이는 몇 시간 뒤 영면에 들었다. 82세였다. 그의 유해는 곧 자신의 영지인 야스나야 폴랴나로 되돌아왔고 여기 깊은 숲속, 푸른 지팡이가 묻혔을지 모를 좁은 땅덩이에 뉘어졌다.

돌이켜 보면, 그 역시도 빠흠만큼이나 너른 삶과 정신의 영토를 헤매어 다니다 가까스로 출발점으로 돌아온 것 같다. 당대 최고의 소설가로 남는 것에 안주하지 않았고, 부유한 귀족이나 무소불위의 권력을 누릴 사람으로 살길 거부했으며, 인류를 위한 훌륭한 교사의 역할로도 만족하지 못했다. 그가 남긴 정신의 영토는 그 어떤 지주나 탐험가가 획득하고 발견한 땅보다 훨씬 넓고 광대한 것이었다. 그의 단출하고 소박한 묘지가 결코 작지 않은 묘지로 보이는 까닭이다. 어둠이 점령해 가는 숲속인데도 무섭거나 당황스럽지 않았다. 이상하게 포근했고 이상하게 더 오래 머물고 싶었다.

15. 나와 신만이 아는 이야기
_〈하느님은 진실을 보지만 바로 말하지는 않는다〉

> 하느님 외에는 아무도 진실을 알지 못해.
> 그러니 하느님께 기도를 드려서 자비를 베풀어달라고
> 해야겠어.

〈쇼생크 탈출〉이라는 영화를 보셨는지? 1994년 제작돼 상당한 인기를 끈 작품으로 당시 웬만큼 인테리어에 신경 쓴 카페에는 이 영화의 포스터가 어김없이 걸려 있을 정도였다. 〈샤이닝〉, 〈캐리〉, 〈스탠 바이 미〉 등 영화로 제작되는 족족 빅 히트를 친 스티븐 킹의 소설 원작에, 잘나가는 배우 팀 로빈스와 모건 프리먼이 주연을 맡은 영화다. 그런데 영화를 본 얼마 뒤 톨스토이의 우화 소설 한 편을 읽다가 깜짝 놀라고 말았다. 이 영화의 매우 중요한 삽화들이 톨스토이의 작품에 빚을 지고 있다는 확신이 들었다. 영화를 보고 여기 소개하는 〈하느님은 진실을 보지만 바로 말하지는 않는다〉를 읽은 사람이라면, 너무도 흡사한 몇몇 장면에 놀라게 될 것이다. 원작자나 감독이 그걸 모르고 썼다는 게 말이 되지 않을 것 같다.

불길한 꿈을 꾼 아내의 걱정과 만류에도 불구하고 장에 물건을 팔러 나간 상인 악쇼노프는 밤이 깊어 어느 여인숙에 들었다가 함께 갔던 동료 상인이 살해되는 바람에 살인자로 몰리게 된다. 어찌된 영문인지 자신의 보따리에서 피 묻은 칼이 발견된 것이다. 태형과 함께 시베리아로 유형에 처해져 26년간 감옥생활을 하는 동안 머리는 하얗게 셌고 아내와 가족의 생사는 알지 못한다. 대신 신을 섬기는 모범적인 수감생활로 동료 죄수와 간수들에게 신임을 얻는다. 어느 날 형무소에 새로 들어온 마카르 세묘노비치라는 죄인이 떠드는 이야기를 통해, 그가 자신이 누명을 쓴 살인 사건의 실제 범인임을 알게 된다. 세묘노비치도 악쇼노프의 정체를 알아차린다. 그러던 중 탈옥을 위해 감옥 벽에 구멍을 파고 있던 세묘노비치의 행동을 악쇼노프가 목격하지만 간수들의 심문에 모른 척함으로써 세묘노비치를 위기로부터 구해 준다. 죄책감을 느낀 세묘노비치가 과거의 죄에 용서를 구하고 자수하지만 악쇼노프는 이미 싸늘하게 죽은 뒤다.

누명을 쓴 죄수가 오랜 세월 뒤 감옥에서 진짜 범인을 만나는 설정이나, 벽의 흙을 파내 탈출을 시도하는 세묘노비치의 행동이 〈쇼생크 탈출〉에도 그대로 등장한다. 인터넷의 정보를 아무리 뒤져 봐도 두 작품 간의 관계를 속 시원하게 알려 주는 기사나 글은 없었다. 내가 헛다리를 짚은 것일 수도 있

인생이 묻고, 톨스토이가 답하다

지만 모티브가 닮은 것은 닮은 것이다. 하긴 움베르토 에코의 매우 탁월한 소설 《장미의 이름》에 나온 책장에 독을 묻혀 책 읽는 사람을 살해하는 삽화 같은 것도 《아라비안나이트》 같은 오래된 문학 작품에서 모티브를 차용해 온 것이라 하지 않던가.

'신은 모든 걸 알지만, 기다리신다'라는 제목쯤으로도 번역되는 이 짧은 우화 소설은 우리 문학에도 영향을 미쳤다. 열렬한 톨스토이주의자였던 춘원 이광수가 쓴 장편 소설 《재생》에 이 소설의 영향을 받은 부분이 있는 것으로 안다. 춘원은 1910년에 체결된 경술국치의 상실감과 같은 해 가을 들려온 톨스토이의 죽음을 동일시했다고 한다. 춘원이 친일을 한 것은 조금 뒤의 일이고, 당시만 해도 민족의 앞날을 걱정하며 동경 유학과 계몽 운동에 몸담은 격정의 청춘을 보내던 무렵이었다.

근대 문학 초기, 우리 문학이 자양분을 얻는 데에는 미국이나 유럽보다는 러시아 문학 쪽이 더 가깝고 활발한 원천이었던 것으로 안다. 1920년대 〈개벽〉 같은 잡지의 영인본을 조금만 뒤져 보아도 이런 사실을 확인할 수 있다. 톨스토이를 비롯해 안톤 체호프, 막심 고리키, 도스토옙스키 등은 우리 문학에 일찌감치 큰 그림자를 드리웠다. 종교적이면서 당시 유행한 사회주의 사상에도 닿아 있는 데다가 어마어마한 걸작들을 토해낸 톨스토이를 동아시아의 많은 작가들이 우러러 보았음은 쉽게 짐작할 만한 일이다. 톨스토이에 대한 이광수의 언급만 보아도 그가 톨스토이를 얼마나 우러렀는지 알 수 있다.

톨스토이는 지주가 산출한 가장 큰 사람 중의 하나였다. 예수 이후 첫사람이라고 하면 누가 반대할까? (…) 그는 예술가였으나 그것이 그의 본령이 아니었다. 그는 사회와 인생의 비평가였으나 그것이 그의 본령도 아니었다. 그는 인류의 영의 혁명을 실행하고 선전하는 것으로 본령을 삼았다. 인류의 모든 불행이 악에서 오는 것임을 믿어 이 악을 분쇄하여 지상에 인류의 이상향을 세우는 것을 본령을 삼았다.

— 이광수의 글, 김윤식, 《이광수와 그의 시대》에서

그런데 이 우화의 제목이 암시하는 것은 무엇일까? '신은 모든 걸 알지만, 기다리신다'라니. 억울함을 당한 상인, 당신의 충실한 종인 악쇼노프를 저렇게 쓸쓸하고 안타깝게 죽게 놔두시다니, 신은 인간이 감당하기에 너무 오래 침묵하고 기다리시는 건 아닐까. 어쩐지 너무 답답하고, 냉혹하게 느껴진다.

그러나 악쇼노프는 위대한 성인의 모습으로 죽음을 맞이했다. 세묘노비치를 고발하고 자신의 억울함을 밝힐 수도 있었

인생이 묻고, 톨스토이가 답하다

지만, 모든 걸 용서하고 감내하는 길을 택하였다. 오로지 신에게만 억울함을 고백하고 신만이 진실을 알 거라 믿으면서. 신과 자신만이 아는 비밀 속에 자비를 구하면서.

불교의《보왕삼매론》중 마지막 구절도 어쩐지 악쇼노프의 성스런 행동을 떠올리게 한다. '억울함을 당하여 밝히려 하지 말라. 억울함을 밝히려 하면 원한을 키우게 되니 그래서 성현이 말씀하시되 억울함을 받아들이는 것으로 수행의 문 삼으라 하였느니라'라는. 보통 사람이 실천하기에는 너무 어렵고 고매한 사상이다. 그러나 숭고한 감정은 대개 이런 스토리에서 배어 나온다. 톨스토이의 짧은 우화들이 그의 위대한 장편들 못지않은 힘을 발휘하는 것도 짧고 쉽지만, 뭔가 한참 우릴 멍하게 만드는 이런 잠언과 우화들을 통해서다.

16. 당신 옆에 신이 계시다 _〈사람은 무엇으로 사는가〉

"마뜨료나, 당신에겐 하느님도 없소?"

톨스토이의 단편 우화들에는 대부분 따뜻한 온기와 사랑이 전편에 넘쳐 흐른다. 바깥에서 추위에 떨고 있는 벌거벗은 사람을 기꺼이 집안 페치카(벽난로) 앞으로 불러들이는 이야기들이다. 내용들은 단순하고 때론 황당하다. 그런데 뒤에 남는 여운은 간단치 않다. 쉽게 말로 정의할 수 없는 담담한 의미와 교훈이 책장을 덮은 뒤에도 오래 남는다.

톨스토이 우화 중 또 하나의 걸작으로 꼽히는 〈사람은 무엇으로 사는가〉는 이해하기 쉽지 않은 작품이다. 내용이 어려운 것은 아닌데 어딘가 익숙한 전개 방식이 아니다. 심오한 느낌마저 든다. 가족이 먹을 빵도 떨어지고, 입을 옷조차 변변치 않은 가난한 구두장이 세몬이 외상을 수금하러 나가지만 별 소득 없이 빈손으로 돌아온다. 그런데 돌아오는 길에 교회 앞에 벌거벗고 있는 한 사내를 발견하고 그냥 지나치지 못해 옷을 벗어 주고 그를 집으로 데리고 온다. 수금도 못해 온 데

인생이 묻고, 톨스토이가 답하다

다 낯선 사나이를 집으로 데려온 걸 보고 분개한 아내가 사내를 내쫓으려는 순간 남편 세묜이 말한다. "마뜨료나, 당신에겐 하느님도 없소?" 이 말에 아내는 마음을 바꿔 사내에게 남은 마지막 빵 한 조각과 잠자리를 베푼다.

이 정체 모를 사내 미하일은 세묜에게 구두 일을 배우며 몇 달을 세묜의 집에서 산다. 그러는 동안 몇몇 손님이 찾아오는데 말수도 적고 무표정한 얼굴로 지내던 미하일이 어떤 상황에서는 살짝 미소를 짓는다. 부모가 죽은 이웃집의 두 아이를 키우는 아낙이 아이들 구두를 맞추러 왔을 때 미하일이 세 번째로 웃자, 그의 주변에 섬광이 비치며 그는 천사의 모습으로 바뀐다. 그러고는 자신의 사연을 들려준다.

하느님의 큰 뜻을 몰라 그 명령을 제대로 실행하지 못한 죄로 날개가 잘려 지상에 내버려진 천사인 자신을 세묜이 구해주었고, 그의 아내 또한 자기를 거두어 주었다는 것, 그리고 몇몇 손님을 만나며 하느님의 큰 뜻을 모두 알게 되었고 그리하여 이제 다시 하늘로 승천하게 된 것이라고. 천사가 말하는, 자신이 미처 알아차리지 못한 하느님의 큰 뜻, 큰 질문은 크게 세 가지다.

다시 내려가 산모의 혼을 거두어라. 그러면 세 가지 말을 알게 되리라. 즉 사람의 내부에는 무엇이 있는가, 사람에게 허락되지 않은 것은 무엇인가, 사람은 무엇으로 사는가를. 그것을 알게 되면 하늘나라로 돌아올 수 있으리라.

이 모든 질문의 공통된 정답은 '사랑'이다. 사람의 내부에 있는 것도, 사람은 무엇으로 사는가의 답도 '사랑'이다. 두 번째 질문인 사람에게 허락되지 않는 것에 대한 대답은 조금 모호한데, 사람은 자신이 언제 죽게 될지 모른다는, 그런 것 정도가 된다. 길가에 알몸으로 버려진 자신을 거두어 준 세묜의 가족과, 부모를 모두 잃은 이웃집 아이를 키운 아낙도 모두 그들 안에 '사랑'이 있으며, 사람들은 모두 '사랑'으로 사는 것이라고. 사람들은 걱정에 휩싸여 살지만 실은 사랑 속에 살아가는 것이라고.

이 소설과 비슷한 느낌의 단편 〈사랑이 있는 곳에 신도 있다〉에도 아내와 사랑하는 막내아들까지 모두 잃은 구두장이 마뜨르인이 등장한다. 절망한 나머지 하느님을 원망하며 삶을 포기하려던 그에게 성경은 새로운 등불을 밝혀 준다. 루가 복음의 말씀에 감화받은 그는 자신을 찾아오는 누추한 손님들을 외면하지 않고 모두 신처럼 영접한다. 그들이 모두 신의 다른 현신이었음이 나중에 밝혀진다.

그런데 왜 톨스토이는 《전쟁과 평화》, 《안나 카레니나》를 쓰던 그 훌륭한 솜씨를 접고 이런 우화 소설에 몰두했던가. 물론 나이 쉰에 찾아온 삶에 대한 전반적인 회의가 그 직접적인 원인이었을 터다. 그는 자신이 과거에 쓴 어마어마한 소설들마저도 회의하고 부정하며 새로운 소설 창작에 몰두한다. 톨스토이가 1897년 발표한 《예술이란 무엇인가》에 밝히고 있는 예술론의 요지는, 예술은 종교적 감정을 전달해야 하며 일반 대중에게 흥미를 공급하기 위해 단순하고 간결하며 명확한 형식을 취해야 한다는 것이다. 이러한 예술관에 따라 쓰인 소설이 그의 우화들이다. 그런데 좀 이상하지 않은가. 이 소설들이 당신에게 어려운가, 쉬운가? 모르긴 몰라도 너무 많이 배운 사람에겐 어려울 것 같고 배움이 적은 사람들에게는 쉽게 다가갈 것도 같다. 배움이 오히려 독해를 어렵게 만드는 소설이라니. 다음 글을 보면 이것도 톨스토이만의 고도의 글쓰기 전략이 아니었을까 싶다.

그리스도교의 가르침은 매우 알기 쉬워서 어린이도 그 참뜻을 이해할 수 있다. 다만 그리스도교도인 양 행동하고 그렇게 자칭하면서 실제로는 그렇지 않은 사람들만이 그것을 이해하지 못하고 있다.

－《인생이란 무엇인가》에서

LEV TOLSTOY

레 프 톨 스 토 이

죽음은 어째서
늘 이기는가?

Smert' Ivana Il'icha

이반 일리치의 죽음

17. 타인의 죽음, 내가 아니라 다행인

> 이들은 절친했던 동료가 죽었다는 사실 그 자체에 대해
> '내가 아니라 바로 그 친구가 죽어 다행'이라는 안도감도
> 함께 느꼈던 것이다. 그들은 모두 '그래, 그 친구는
> 죽었는데, 나는 이렇게 건강하게 살아있군.' 이라고
> 생각하거나 그렇게 느꼈다.

과거에 쓴 책의 어느 사진 밑에 '누군가의 삶은 누군가에겐 풍경이 된다'라는 짧은 해설을 붙인 적이 있다. 여행에서 가장 중요한 감각이 '시각(視覺)', 즉 '보는' 행위일 텐데, 풍경과 유적에 지친 우리의 시선은 줄곧 사람들의 삶 쪽으로 돌려지기 마련이다.

낯선 나라를 여행하다 종종 뜻하지 않은 결혼식에 초대돼 그들 잔치 속에 빠져든 적이 몇 번 있다. 저마다 다른 격식, 다른 빛깔의 행사지만 그 안에 흐르는 정서와 마음은 같았다. '축하해! 좋은 배우자를 얻었군! 잘 먹고 잘 살라고!'

그만큼은 아니지만 낯선 나라의 장례를 참관한 일도 적지

않다. 히말라야 산골의 어느 돌담집에서는 대성통곡하며 망자의 사진 앞에서 종일 우는 여인에게 전염돼 종일 우울해했고, 인도네시아 발리에서는 흰옷을 차려입은 밝고 환한 표정의 장례 행렬과 슬픔이 없어 보이는 장례식도 보았다. 매장과 화장이 어려운 얼어붙은 땅에서는 그곳의 독특한 장례 풍습인 조장(鳥葬)을 참관한 적도 있다. 독수리나 매에게 망자의 시신을 수습하도록 하는 장면을 지켜보며 삶과 죽음의 경계와 그 준엄함에 종일 숨이 막히고 치가 떨렸다. 그 서로 다른 장례식에도 공통되게 흐르는 마음을 느낄 수 있었다. '불쌍한 사람, 다음 세상이란 게 있다면 좋은 곳으로 가길' 하고.

우리의 냉정한 톨스토이는 여기에 덧붙여 타인의 죽음을 대하는 또 다른 마음가짐이 있지 않느냐고 우리에게 따져 묻는다. 인용한 글과 같이 '내가 아니라 그 친구라서 다행'이라는 마음 같은 것 말이다. 책을 읽다 보면 얼굴이 좀 후끈거려질 법도 하다.

'그것은 내가 아니라 이반 일리치한테 일어난 일이야. 나한테는 절대로 그런 일이 일어나지 않아. 그럴 리가 없어. 그런 일이 일어날 수도 있다고 생각하면 공연히 기분만 우울해질 뿐이야. 슈바르츠의 표정이 분명히 보여주었듯이, 우울증에 굴복하면 안 돼.'
이반 일리치의 사망 소식을 접하게 된 신사들은 하나같이 머릿속으로, 이반 일리치의 죽음이 자신과 동료들의 자리 이동이나 승진에 어떤 영향을 미칠 것인지 분석하고 계산하기에 바빴다.

'요컨대, 이반 일리치가 죽었다고 해서 우리가 오늘밤 유쾌하게 지내지 못할 이유는 전혀 없다는 말일세.'

슬픈 죽음. 끔찍한 죽음. 참 안된 죽음. 그러나 그보다, 다행인 죽음. 내가 아니라서 다행인 죽음. 나에게는 아직 멀리 떨어져 있는 죽음. 나에게 긍정적으로 작용하길 바라는 죽음. 내 즐거운 일을 방해하지 말았으면 하는 죽음. 그리하여 귀찮은 죽음. 불결한 죽음. 우리 마음은 어느덧 망자에 대한 슬픔과 연민에서 이질감과 경계심, 귀찮음과 불결함 쪽으로 옮겨 가고 있다. 그렇지 않은가? 톨스토이는 이반 일리치의 죽음을 애도하러 온 주변 사람들의 생각을 읽으며 독자에게 되묻는다.

타인의 부고를 접한 사람들 마음이 이렇게 변해 간다면, 죽음을 직접 선고받은, 곧 죽음이 찾아올 거란 부름을 받은 사람의 마음은 어떠할까? 죽음이 더 이상 타인이 아닌 바로 자신의 일이 될 것임을 통고받은 사람은 어떤 마음을 겪게 될까?

인생이 묻고, 톨스토이가 답하다

이것이 톨스토이가 나이 쉰을 훌쩍 넘어, 죽음을 진지하게 생각할 나이에 이르러 집필하게 된《이반 일리치의 죽음》에서 묻고 탐구한 세계다.《전쟁과 평화》에서 역사와 민족, 영웅, 전쟁, 사랑에,《안나 카레니나》에서 사랑과 결혼, 사회, 풍속에 몰두했던 그가 이제 죽음에 대해 깊이 묻고 있다. 그 시도는 매우 성공적이었다. 톨스토이의 애독자인 나조차도, 톨스토이 소설 중 가장 훌륭한 소설을 꼽으라는 질문에 주저 없이《이반 일리치의 죽음》을 대답으로 내놓을 것이다.

줄거리란 게 따로 없다. 어떤 특정 인물이 특별한 성격적 결함이나 예기치 않은 사건에 휘말려 '블라블라한' 과정을 거쳐 어찌어찌 되었다는 인위적 플롯의 이야기가 일반적인 소설의 구성이라 한다면 이 작품은 조금 다른 결의 소설이다. 굳이 이반 일리치가 주인공이 아니어도 좋다. 꼭 19세기 러시아 사람이 아니어도 된다. 곧 죽게 될 거라는 통보를 받아 천천히 다가오는 죽음과 그 공포를 안고 있는 사람이라면 누구나 주인공이 될 수 있다. 보통 사람의 평균적인 죽음을 그린 소설이되 하필 19세기 러시아에서 판사를 직업으로 살았던 이반 일리치라는 사람을 주인공으로 설정했을 뿐이다. 이것은 한편의 흥미로운 스토리텔링, 혹은 소설을 넘어 심리학이나 의학의 이론으로까지 확장된다. 이반 일리치를 통해 보여 준 죽음을 앞둔 사람의 심리적 변화는, 인간의 죽음에 대한 연구에 일생을 바친 20세기 유명한 정신과 의사 퀴블러 로스의 이론에도 닿아있다. 퀴블러 로스는 수많은 암환자들을 관찰한 끝에, 시한부의 삶을 통보 받은 환자가 이를 받아들이는 과정을 '부정, 분노, 타협, 우울, 수용'이라는 5단계로 설명하였다. 이 순서가 모두에게 고르게 적용되는 것은 아니라면서 말이다. 수많은 학술상을 받은 20세기 저명한 정신의학자의 위대한 발견이 이미 그보다 훨씬 전에 톨스토이 선생의 작품에서 암시되어 있다고 해도 과언이 아닐 것이다.

18. 살라, 오늘이 마지막 날인 것처럼

> '혹시 내가 잘못 산 것은 아닐까?' 그는 갑자기 이런
> 생각이 들었다. '하지만 당연히 해야 할 일들을 하고
> 살았을 뿐인데 어떻게 잘못 살 수가 있지?'

인생에는 연습이 없고 막간의 훈련도 없다. 인생을 가르쳐
준다는 학교가 있더라도 우리에게 제대로 된 길을 가르쳐 줄
순 없을 것이다. 사회의 규범과 도덕이 하라는 대로, 가르치
는 대로 가다간 후회와 몰락의 길에 서 있을 수도 있다. 위대
한 스승이라도 자신의 깨달음을 타인에게 가르치기는 어렵
다. 우리는 어디서 삶을 지혜롭게 헤치고 갈 방법을 얻을 수
있을까?

어디에도 없다. 누구도 가르쳐 주지 않는다. 얼마나 막막한
인생인가? 얼마나 잔인한 삶인가? 누가 태어나고 싶다고 했
던가? 우린 모두가 이 지구별 위에 농담처럼, 헛소문처럼 '던
져진' 존재인 것만 같다.

앞서 언급했듯《이반 일리치의 죽음》은 보통의 사람이 죽음의 문제에 닥쳐 맞닥뜨리는 심리적 갈등의 과정이 차분히, 흡사 임상 실험을 관찰하듯 세심하게 서술된다. 곧 죽게 될 거라는 선고를 받은 이반 일리치의 마음에 차례로 깃드는 여러 감정은 그대로 인간 삶의 유한함을 전제로 한다.

'그럴 리 없어. 의사가 잘못 진단한 거야. 난 아직 그럴 때가 아니야' 하는 부정으로부터, '왜 하필 나야? 왜 하필 그놈이 아니고 나냐고? 내가 그놈보다 더 착하게 살았잖아?' 하는 분노, '다시 회복된다면 이렇게 살지 않겠습니다. 당신을 더 열심히 섬기겠습니다!' 하는 타협과 거래, 그래도 응답받지 못하게 되었을 때의 우울과, 결국 돌이킬 수 없는 사실이 된 죽음을 인정하고 긍정하는 과정이 차분하게 이어진다. 죽음을 앞둔 사람의 마음이, 그 변심의 과정이 정말로 저와 같을 것 같다. 톨스토이가 혹시 암병동의 의사가 아니었을까, 혹은 그가 암병동을 열심히 드나들며 관찰한 것은 아닐까 하는 생각마저 든다.

죽음이 더 이상 부정할 수 없는 사실이 되었을 때 이반 일리치가 다다른 불안의 본질은 결국 '내가 살아온 인생이 헛된 것은 아니었을까?'라는 물음이다. 그때부턴 '헛된 인생'에 대한 절망과 의심이 죽음 자체보다 더 두려운 것이 된다.

'만약 정말로 내가 살아온 모든 삶이, 의식적인 나의 생활이 잘못된 것이었다면 어떡하지?' 라는 의구심이 들면서부터 시작되었다. (…) '나에게 주어진 모든 것들을 나 스스로 망쳐놓았다는 생각을 가진 채, 또 그것을 바로잡을 기회도 없이 눈을 감아야 하는 거라면 그땐 정말 어떻게 되는 걸까?'

심지어 이반 일리치가 그토록 증오해 마지않던 아내나 주변 사람들이 그의 옷차림과 얼굴 표정, 목소리 등으로 자신의 잘못 살아온 삶을 심판하는 것처럼 느껴지기도 한다. 주변의 모두가 자신의 죽음을 애도하는 척하면서 실은 잘못 살아온 그의 삶을 비웃는 것만 같다. 당신이 추구했던 모든 것들이 '당신의 눈을 가리고 당신이 삶과 죽음을 보지 못하게 하는 것'에 지나지 않았다고.

한 소설가도 어느 기행문에서 '죽는 것보다 더 두려운 것은 자신의 삶이 헛된 것이 될 거라는 데서 오는 공포'라고 말한 바 있다. 이반 일리치가 생의 막다른 골목에 다다라 맞닥뜨린 생각과 일치한다. 그게 어디 생의 막바지에뿐이겠는가? 우리는 살아가는 순간순간, 우리가 몸 바쳐 달려드는 일이 혹시 헛되고 덧없는 일이 아닐까 고심하곤 한다. 인생에 너무 많은 의미를 두고 살기 때문이기도 하다. 많은 철학자, 작가들이 말하듯 인생에 별다른 의미란 게 없고 그냥 살아지는 것뿐인데, 우리는 인생에 무슨 큰 의미가 있을 거라고 생각하며 살고 있다.

'인생', 혹은 짧게는 '내일'에 대한 관념을 발견(발명)한 것은 현생 인류인 호모 사피엔스가 진보하게 된 최고의 사건이었다고 한다. 사람이 죽었을 때 그냥 들판에 버려두는 것이 아니라 땅에 매장하기 시작한 것은 그보다 앞서거나 함께 살았던 네안데르탈인들로부터 생긴 풍습이라는 것이 최근 밝혀진 사실이다. 네안데르탈인은 죽은 자에게 꽃을 바치기도 했다 한다. 원생 인류가 동물과 달라지는 지점에 온 것이다.

호모 사피엔스는 거기서 더 나아가 '내일'을 발견했다. 해 뜨면 일어나고 배 고프면 먹고 해 지면 자는 아무 생각 없는 동물의 삶이 아니라, 다시 반복되지만 단순 반복이 아닌 뭔가를 축적하고 만들어 갈 수 있는 '다음 날'이 있다는 걸 깨달은 것이다. 그 '내일'의 축적이 '인생'이 될 거라는 생각으로까지 이 발견을 발전시켰을 터다. 비로소 동물과 근본적으로 달라지게 된 것이다. 보이지 않는 '내일'이나 '인생'이란 관념을 깨닫고 거기에 의미를 부여하기 시작했다. 그러니 인생의 '의미'란 애당초 존재하는 것이 아닐 수 있다. 오래전 발명된 개념일지 모른다. 그 '의미'에 매달려 우리 삶이 헛되거나 복되거나 하는 잣대로 평가된다. 그 평가란 누구에게나 박하고 아쉬울 수밖에 없다.

이반 일리치의 이런 절망 앞에 내가 떠올린 것은 뜻밖에도 도스토옙스키의 위대한 경험이다. 젊은 날 비밀결사 단체에 가담했다가 체포된 도스토옙스키는 사형을 언도받고 실제로 형장에 끌려가 집행인들의 총구 앞에 서게 된다. 총구에 총알이 장전되던 순간, 말을 탄 차르(황제)의 전령이 늦지 않게 도착해 사형을 모면한다. 시베리아 유형으로 감형한다는 (은혜로운)차르의 칙서를 받은 것이다. 물론 모든 것이 차르의 연극이었다. 도스토옙스키는 이 경험을 평생 안고 갔다. 죽음 바로 앞까지 가 보았던 도스토옙스키는 이때 경험을 한 소설에 적어 놓기도 했다.

드디어 목숨이 붙어 있는 것도 앞으로 5분밖에는 남지 않게 되었습니다. 그의 말에 의하면 이 5분간이 한없이 긴 시간인 것처럼 그리고 막대한 재산이나 되는 것처럼 여겨지더라는 것입니다. 그는 이 5분 동안에 최후의 순간 같은 것은 생각할 필요가 없을 만큼 충실한 생활을 할 수 있을 것 같은 느낌이 들어 그 동안에 할 여러 가지 일들을 처리했다는 것입니다. 우선 동료들과의 작별에 2분의 시간을 쓰고 이 세상을 떠나기에 앞서 자기 자신의 일을 생각하는 데 2분, 그리고 나머지 1분을 마지막으로 주위의 광경을 둘러보는 데 할당했다는 것입니다.

— 도스토옙스키, 《백치》에서

'살라, 오늘이 마지막 날인 것처럼!' 하고 말하던 알프레드 디 수자의 시가 여기에 겹친다. 그 앞에 놓인 구절은 '사랑하라, 한 번도 상처받지 않은 것처럼 / 일하라, 돈이 필요하지 않은 것처럼' 등이다. 그런 마음 가운데 얻은 새로운 날, 새로운 사랑, 돈은 인생의 선물이자 덤이 될 것이라고.

이반 일리치가 생의 마지막에 의심하고 후회하는 것은 열심히 살았다는 사실 자체가 아니라, 그가 '당연히 해야 할 일들'로만 알았던 것들이 별 의미가 없는 것이 아니었을까 하는 의심 때문이다. 그에 대한 이반 일리치의 반성들은 다음 장부터 이어진다.

19. 반성 1.
   내가 아닌 타인의 잣대로 살았다

> "난 내가 조금씩 조금씩 산을 내려오는 것도 모르고 산
> 정상을 향해 나아간다고 믿고 있었던 거야. 세상 사람들이
> 보기엔 산을 오르는 것이었지만, 실은 정확히 그만큼씩 내
> 발밑에서 진짜 삶은 멀어져 가고 있었던 거지. 그래, 이제
> 다 끝났어. 죽는 일만 남은 거야!"

죽음의 문제는 그리하여 삶의 문제가 된다. '웰빙(well-be-ing)'과 동시에 유행처럼 회자된 '웰다잉(well-dying)'이란 용어가 있었다. 임박한 삶의 마무리를 아름답게 준비하는 한편, 인생의 시간이 많이 남았다 생각하는 이라도 하루하루를 의미 있게 살아가는 게 좋은 죽음을 준비하는 일이 된다는 것이다. 역시 잠시 유행한 YOLO란 말도 'You Only Live Once'의 약자로 '인생은 한 번뿐이다'란 뜻이다. 한 번뿐인 인생, 언제 늙음과 죽음 앞에 서게 될지 모르니 하고 싶은 일을 미루지 말고 지금 행하고 즐기라는 말이다. 일(work)과 인생(life)의 밸런스(balance)를 맞추며 살아야 한다는 '워라밸'이란 말

도 일에만 몰두하는 삶을 경계하고 있다. 왜 이런 말들이 거듭 만들어져 유행하고 곧 빛바래 사라지는가?

　이런 유행어들과는 상관없이, 나 역시도 직장인 시절, 생업을 위한 회사 일보다 더 몰두했던 것은 수많은 '딴짓'들이었다. 동호인들을 모아 연극 공연도 올렸고 소설도 틈틈이 썼다. 제법 바쁘다는 직종에 몸담고 있었는데 가장 바쁠 때에도 '딴짓'은 가능했다. 한편으론 '여행' 속에서 삶의 기쁨과 의미를 구하기도 했다. 지금처럼 휴가가 권장되는 분위기도 아니어서 휴가를 꼬박 챙겨 쓰는 게 무책임하고 이기적으로 보이던 때다. 그러나 내겐 일만큼이나 휴가를 얻어 떠나는 여행이 중요했다. 세상이 궁금했다. 나이 들어 시간도 돈도 많아질 때 여행하면 되겠지, 하는 생각도 안 해 본 것은 아니지만, 회사나 사회의 어른, 선배들을 보니 그닥 본받고 싶은 인생의 롤모델이 보이질 않았다.

　그렇게 젊은 날 많은 여행을 했다. 아직 고층 빌딩과 광고판, 다국적 상점들이 점령하기 전의 중국이나 인도 등지를 여행했고, 지루하지만 아주 매력적이던 시베리아 횡단열차에 몸을 실었으며, 사람들이 많이 찾지 않던 때의 미얀마나 라오스 같은 나라, 지금은 가기 힘든 시리아 같은 중동의 나라도 가보았다. 네팔 쪽 히말라야와 파키스탄 쪽 히말라야가 어떻게 다른지, 티베트 고원의 별빛과 몽골 초원의 별빛 중 어느 것이 더 영롱한지를 가늠하며 헤매 다녔다. 제법 연차가 되어서는 한두 해가 멀다 하고 회사에 사표를 던졌고 그렇게 한두 달씩, 세 달씩 여행을 다녔다. 라틴 아메리카로 달아났고 아프리카로도 향했다. 아름다운 시절이었다. 그 '딴짓'들로 진급이 더디고 더 높은 직급에 못 올랐으니 후회하느냐고 묻는다면, 반대로 회사에서 인정받고 승승장구해 회사의 임원이나 사장이 되었다 해도 내 인생이 행복했을 것 같지 않다. 그런 건 내 몸과는 맞지 않는 옷이라고 일찌감치 직감했다. 다시 젊은 날을 맞아도 똑같은 길을 갈 것이다. 조금 더 과감하고 용감하게. 왜 타인과 구별도 안 될 비슷비슷한 삶을 살기 위해 그토록 죽을힘을 다해 산단 말인가?

생명력이라곤 전혀 없는 직장생활에 열심히 공을 들이면서, 또 돈 걱정을 하면서 일 년이 가고 이 년이 갔고 또 그렇게 십 년이 흐르고 이십 년이 흘렀다. (…) 결국 죽음을 향해 열심히 달려온 것이나 마찬가지인 자신의 삶을 되돌아보는 순간, 그때는 기쁨으로 여겨졌던 모든 것들이 이제는 그의 눈앞에서 허망하게 녹아내리면서 아무것도 아닌 하찮은 것으로, 더러는 구역질나도록 추한 것으로 변해 버렸다. 어린 시절로부터 멀어지면 멀어질수록, 그리고 현재에 가까워지면 가까워질수록 기쁨들은 점점 더 하찮은 것으로, 점점 더 의심스러운 것으로 바뀌었다.

이반 일리치는 죽음을 앞둔 병상에서 자신이 걸어온 길이 실은 내리막이었다는 걸 깨닫는다. 결혼, 직장생활, 경제적 성공, 사회에서 승승장구라고 하는 단계들을 밟으며 올라가고 있다고 생각한 자신의 인생이 이렇게 급작스럽게 막다른 골목에서 추락하게 될지 어떻게 알아챌 수 있었겠는가.

지난 2011년 안나푸르나 산행 중 행방불명된 산악인 박영석을 생전에 인터뷰한 기사가 떠오른다. 히말라야 14좌를 완등하고 남극, 북극까지 소위 '산악 그랜드슬램'을 인류 최초로 달성한 산악인이 인터뷰 기사에서 한 말이 내게 대단한 충격을 주었다. '8천 미터를 올라갔으면 그만큼 내려와야 한다'라는 헤드라인이었다. 세상 가장 높은 곳들만 오른 그가 늘 내리막을 생각했다니. 《이반 일리치의 죽음》에서 인용한 글에 따르면, 결국 우리는 인생의 진정한 오르막과 내리막을 혼동하며 하루하루를 살고 있는 지도 모를 일이다.

삶에서 이룰 것을 다 이뤘다시피 한 톨스토이가, 그에게 주어진 부와 권력만으로도 남은 생을 편안히 누릴 수 있었을 대문호가, 나이 쉰에 극심한 갈등을 일으켜 삶을 새롭게 '부팅'한 것 역시 이러한 태도와 닮지 않았는가.

인생이 묻고, 톨스토이가 답하다

생각의 작은 차이가 삶을 대하는 태도를 사뭇 다르게 만든다. 타인이 만든 룰과 규칙, 자본이 만든 유행과 트렌드에 조종되는 것은 자신의 인생을 사는 것이 아니다. 무언가, 누군가에 의해 조작되고 부추겨진 인생을 사는 것이다. 나로서 사는 것이 아니라 타인들이 나를 바라보거나 기대하는 모습으로 사는 것이다. 내 자신으로 사는 것은 매우 어려운 일이지만, 한 번뿐인 인생이라 생각하면 결론은 명확해진다. 조금 더 내 자신 쪽으로 삶을 끌어와야 하리라. 조금 더 내 삶을 살아야 하리라.

20. 반성 2.
   경쟁이 내 인생을 망쳤다

이반 일리치는 대학 도시의 수석 판사직을 기대하고
있었는데, 어찌 된 영문인지 동료인 고페가 그를 제치고
그 자리를 차지했던 것이다. 이 일이 있은 후로 그는
냉대를 받기 시작했고 다음 번 인사이동에서도
제외되었다. 그해는 이반 일리치의 인생에서 가장 힘들고
암울한 시기였다.

영화 〈맘마미아〉에도 수록된, 그룹 아바(ABBA)의 곡 중에
〈The Winner takes it all〉(승자가 모든 걸 차지하죠)이란 노래
가 있다. 〈Thank you for the music〉(음악에 감사해요)을 비
롯한 아바의 거의 모든 노래를 좋아하고 또 이 노래도 좋아하
지만, 이 제목만은 늘 좀 꺼림칙하다. 영화에서 여주인공의 엄
마 역을 맡은 메릴 스트립이 이 노래를 불렀다. 누가 아버지
인지 모를 남자들에 둘러싸여 승자만이 자기를 차지하게 될
거라는 내용의 가사다. 노래 가사만으로 보면 'Winner'란 사

랑의 승자를 의미하지만, 승자 독식을 의미하는 이런 제목이
그리 편안하게 받아들여지지 않는 건 이미 모든 류의 경쟁에
너무 지쳐서일지 모른다. 사랑도 승자가 독식하고, 삶도 인생
도 승자가 독식하는 게 마땅한 것일까?

내 자신이 그리 모질고 전투적인 사람이 아니어선지 경쟁
이란 걸 극도로 싫어한다. 하필 나의 청년, 중년기가 전 세계
적으로 개인의 삶을 옥죄어 온 신자유주의의 시기와 맞물려
있다는 것은 이만저만한 유감이 아니다. 극한의 효율과 경쟁
을 강요하는 사회에서 어떻게 이 나이까지 간신히 살아남았
는지, 기특하기에 앞서 눈물이 난다. 앞으로도 이렇게 삭막한
세상을 뚫고 살아야 할지, 타인보다 앞서야 하고, 타인을 딛고
넘어서야 하는 삶을 살아야 하는 것인지 아득함이 엄습할 때
가 있다. 그 경쟁을 사회 발전의 미덕으로 부추기는 사회에서
살아 남아야 하는가? 그런 피 터지는 경쟁에서 이익을 보는
이들은 누구인가?

또한 모든 승패의 판단이 늘 옳은 것도 아니다. 《해리포터》
시리즈를 쓴 조앤 K. 롤링도 오랫동안 자신의 책을 출판해 줄
출판사를 찾지 못했던 작가다. 카프카, 슈베르트, 고흐를 비롯
해 생전에 그다지 주목받지 못한 루저 예술가들의 목록만으
로도 백과사전 하나를 만들 수 있지 않을까. 지금 우리가 가
장 사랑하는 미술가들인 19세기 인상파 화가들의 그림은 당

시엔 평론가들로부터 멸시와 조롱을 받았다. 그리다 만 그림, 도덕적으로 문제 있는 작품 등으로 조롱받으며 관변 공모전에서 탈락한 이 그림들을 1863년 한 화랑에서 '낙선전'이라는 이름으로 전시를 열었다. 마네, 모네, 세잔, 피사로 등이 참여한 이 전시는 역사상 가장 유명한 전시가 되었고, 대중에 의해 미술의 역사를 바꾼 그림들로 인정받기까지 채 10년도 걸리지 않았다.

그래도 세상이 조금 바뀐 것일까…. 라디오 프로그램을 들으면서 "퀴즈의 정답을 맞추신 분께는…"이라 말하는 대신 "정답은 물론, 재치 있는 오답을 보내주신 분께도…"라고 말하는 라디오 DJ들의 멘트에 마음이 열린다. 정확한 팩트나 사실 관계야 좀 틀려도 좋다. 분명하게 딱 떨어지는 지식보다 조금 어긋나더라도 즐겁고 유쾌한 상상을 끌어안을 만큼 세상의 품이 좀 더 넉넉해졌으면 좋겠다.

우리의 불쌍한 이반 일리치도 경쟁에서 한 번 낙마한 뒤 상심이 이만저만 아니었나 보다. 당연히 자신에게 오리라던 직책을 경쟁자인 동료에게 빼앗긴 뒤 심한 마음의 병을 앓고 그 뒤로 내내 인생의 내리막을 걷는다. 그리고는 자신의 가치를 제대로 알아보지 못하는 놈들에게 멋지게 한 방 먹일 결심을 한다. 그러나 우리네 인생이란 게 서부 영화나 홍콩 영화처럼 복수에 늘 성공하는 것도 아니다. 잠시 승진으로 빼앗긴 직책을 만회하는가 싶더니 경미한 사고를 당하고 곧 돌이킬 수 없는 병에 걸린 자신을 발견한다. 복수의 기회, 인생의 멋진 승자가 될 기회는 영영 사라지고 만다. 이반 일리치도 뒤늦게 깨달았을 것이다. 경쟁이 내 인생에 그늘을 드리웠어! 나는 경쟁의 그림자로 살아온 거야! 라고.

과도한 경쟁은 이렇듯 사람을 병들게 한다. 흔히 자신이 당연히 경쟁에서 이기리라는 망상은 쉽게 갖지만 패배를 상상하고 준비하는 데엔 누구나 인색하다. 두 사람이 싸우면 이기거나 질 확률은 절반이요, 네 사람이 싸우면 질 확률은 더 높다는 걸, 10명, 100명이 응모한 경연에는 자신이 떨어질 확률이 매우 높다는 걸 인정하려 들지 않는다. 물론, 그 치열한 경쟁에서 누군가는 승리하기 마련이며 승리의 기쁨은 어떤 기쁨 못지않다. 그러나 그 승자가 다음에도 또 그런 승리를 이어 갈 수 있을까? 이번에 승리한 당신은 곧 다음 게임에도 승리하도록 회사로부터나 자신으로부터 끝없는 부추김을 받는다. 끝없는 도박이다. 인생을 이런 도박에 매 두어 행복할 것이 무얼까. 경쟁 대신 자신이 하는 일을 즐기고, 비록 당장 인정받지 못하거나 평생 인정받지 못하여 남이 알아주지 않더라도 스스로 자신이 하는 일에 만족하는 성정을 키울 필요가 있다. 그 사람이 진정 인생의 승자일 것이다.

무한한 경쟁 속에 자신의 삶을 부려 놓는 사람은 불행하다. 경쟁이 자신과 사회를 더 훌륭하게 만든다고? 그건 반쯤만 옳다. 아니다, 그보다 훨씬 못할 것이다. 한 번뿐인 삶을 경쟁이라는 괴물의 제물로 바치지 말자. 경쟁을 피할 수 있다면 피하고 함께 나누는 방법을 생각해 보자. 이웃과 친구를 적으로 만들지 말자. 타인의 삶을 자신과 비교하여 삶을 비극으로 끌고가지 말자. 그렇게 살 수 있는 방법이 틀림없이 있지 않을까?

경쟁심으로 어떤 아름다운 것도 만들 수 없고 오만한 마음으로는 어떤 고귀한 것도 만들 수 없다는 것을 기억하라.

– 존 러스킨의 말, 《인생이란 무엇인가》에서

21. 반성 3.
집만 넓혔지 행복은 넓히지 못했다

> 그들은 새 집에서 생활을 시작했다. 새 집도 익숙해지고
> 나면 좁게 느껴지기 마련이듯, 방 하나만 더 있었으면
> 좋겠다 싶고, 수입이 늘어도 살다 보면 부족하기 마련이듯,
> 한 오백 루블쯤 더 있었으면 바랄 게 없겠다 싶은 마음이
> 들기도 했다.

소설가 권여선의 단편 소설 중에 〈이모〉라는 소설을 인상 깊게 읽었다. 고르게 훌륭한 단편들이 묶인 소설집 《안녕 주정뱅이》에 수록된 소설인데 여기 좀처럼 잊히지 않는 내용이 하나 담겼다. 남편의 이모, 즉 시이모님을 며느리인 화자가 만나 그녀의 삶을 듣고 기록한 내용이다.

평생 결혼도 하지 않은 채 직장을 다니며 홀어머니를 모시고 살던 시이모는 췌장암에 걸려 이제 살날이 얼마 남지 않은 사람이다. 어딘가 좀 괴팍한 이모의 부탁으로 '수녀처럼' 사는 그녀의 변두리 소형 아파트를 몇 번 방문하게 된다. 컴퓨

터나 휴대전화, 집 전화, 에어컨은 물론 선풍기도 없는 그녀의 집엔 구형 냉장고와 세탁기 정도만 있을 뿐이다. 하루에 네 개비 담배를 피우고 술은 일주일에 한 번 소주 한 병 정도를 마신다는 그녀의 검소한 삶을 알아 갈수록 화자는 그녀의 삶의 방식에 관심을 갖게 된다.

내가 무엇보다 깜짝 놀란 건 그녀의 생활비였다. (…) 그녀는 한 달에 65만원만 쓴다고 했다. 더 놀라운 것은 그중 30만원은 월세로 나간다는 것이었다. 용돈도 아니고 한 달 생활비로 어떻게 35만원만 쓸 수 있는지 나는 이해가 되지 않았다.

– 권여선, 〈이모〉, 《안녕 주정뱅이》에서

죽음을 얼마 남겨 두지 않은 이모는 두어 해 전 자기를 찾지 말라고, '죽기 전에 한 번만이라도 그렇게 살아 보고 싶다'는 내용의 편지를 남기고 잠적한 일도 있다. 그 이모가 검소한 생활을 하며 날마다 찾아간 곳이 동네 도서관이며 거기서 하루 종일 책을 읽으며 인생의 말년을 보내는 장면이 내겐 무척 인상 깊게 읽혔다.

그리곤 마침내 이모는 예고된 죽음을 맞는다. 한 달에 35만 원씩만 쓰던 그녀가 9년 5개월을 살 수 있을 정도의 돈을 젊은 부부에게 유산으로 남기고. 세세한 내용은 기억나지 않지

인생이 묻고, 톨스토이가 답하다

만 이 소설은 인간이 매우 적은 돈으로도 충분히 의미 있게 살 수 있다는 것을 '수녀처럼' 살았던 이모를 통해 보여 준다. 이모의 마지막 삶은 괴팍한 이의 별난 삶이 아니라 일종의 처절하고도 숭고한 투쟁처럼 내게 읽혔다.

사회에서 들은 말 중에 '차와 집은 줄이지 못한다'는 말이 있다. 사회생활을 하며 주변을 보니 그 말은 대체로 사실이었다. 소형차를 타던 사람은 중형차로 옮아가고 더 큰 차나 값비싼 외제차로 간다. 큰 차를 타다가 작은 차로 줄이는 경우는 별로 보지 못한 듯하다. 그만한 형편이 아닌 듯한데 값이 만만치 않은 외제차를 몰고 다니는 사람들을 적어도 몇 명은 알고 있다. 집에 관해서도 그렇다. 그런 사람 중에 책이나 영화, 여행, 문화생활에 관심을 갖는 사람도 많이 보질 못했다. 그들은 무엇으로 삶의 의미를 채울까?

19세기 러시아 사람으로 설정된 이반 일리치 역시 그렇게 살아 왔다. 집을 늘리고 생활비를 늘리고 그걸 위해 분투하면서. 그가 특별히 잘못 산 것도 아니다. 특별히 탐욕적이거나 비도덕적이지도 않았다. 주변 삶과 보조를 맞추는 삶, 그들과 어깨를 나란히 하며 걷는 평범한 삶이었을 뿐이다. 놓친 것이 있다면 그걸 행복의 관점에서 바라보지 못했다는 것뿐.

물건이 우리를 전적으로, 장기적으로 행복하게 해주는 경우는 드물다. 물건에 관한 우리의 욕망이 완전히 충족되는 것은 불가능해 보인다. 헤겔이나 마르크스는 물건을 만든 사람(노동자)이 그 물건의 주인이 되지 못하는 '소외'의 현상에 주목했다. 장 주네의 희곡 〈하녀들〉에서 한 하녀가 결국 자신의 소유가 될 수 없는 주인 여자의 물건들을 몸에 꿰며 "물건들이 우리를 배신해!" 하며 외치는 장면이 이를 상징적으로 보여 준다. 광고의 많은 정의 가운데, '광고란, 당신은 이것을 갖지 못해 불행할 것이라고 말하는 것'이란 정의에 꽤 공감하기도 했다. 얼마 전 처가의 이사를 도우며 엄청나게 버려지고 새로 장만되는 물건을 보면서 우리가 얼마나 많은 불필요한 물건들 속에 둘러싸여 사는지 자못 놀랐다.

한번 비대해진 욕망은 줄이거나 조절하기가 어려워지는 게 사람의 성정이다. 에어컨 바람에 길들여진 사람이 선풍기 바람에 만족할 수 있을까? 엘리베이터에 길들여진 사람이 단 서너 층만이라도 계단 쪽으로 발걸음을 옮길 수 있을까? 우리를 길들이는 것은 '편리함'의 유혹이다. 이 말은 반대로 '불편함'이야말로 우리에게 삶의 잃어버린 의미와 태도를 가르치는 스승이라는 얘기가 된다. 살아가며 차츰 소비, 씀씀이, 편리함을 줄여가는 습관은 괜찮은 삶의 태도라 생각한다. 욕망을 줄이고 제어하는 것이다. 내 욕망을 먼저 가만히 들여다

인생이 묻고, 톨스토이가 답하다

보는 것이다. 날마다 운전대를 잡는 것이 대중교통을 타는 것
보다 정말 행복한 경험인지, 값비싼 레스토랑의 음식으로 배
를 채우는 것이 우리를 건강하고 행복하게 살찌우는지, 두 시
간 동안의 시각적 쾌락을 주는 블록버스터 영화나 게임보다
진득하게 영혼에 쌓이는 책이 더 낫지 않을지 한 발짝만 멈춰
고민해 보는 것이다.

권여선 소설의 '이모'와 같은 삶이나 월든 호숫가에 오두막
을 짓고 산 헨리 데이비드 소로 같은 삶을 살라는 것은 아니
다. 그렇더라도 물건에 대한 응전(應戰)력, 물질적 삶에서 물
건보다 나 자신의 우위를 지키는 힘이 행복을 위해 필요하다.
그렇게 아낀 돈은 의미 있는 곳에 쓸 수 있다. 책을 사는 데
아낌없이 쓰고 자연을 만나고 호흡하는 여행을 위해 쓰자. 그
리고 조금이라도 타인을 위해 쓸 수 있다면 더 좋을 것이다.
차를 줄이고 집도 줄이고 행복을 늘리자. 아니 차를 늘려도
좋고 집도 늘려도 좋은데 그 대가로 행복을 희생하진 말자.
우리의 욕망이, 나의 욕망이 어떻게 작동하는지를 먼저 찬찬
히 헤아려 보자.

22. 저 너머로 건너가는 순간

"임종하셨습니다!" 누군가 그를 굽어보며 말했다. 그는
그 말을 들었고 그 말을 마음속에서 되뇌었다. '죽음은
끝났어' 그는 자신에게 말했다. '죽음은 더 이상 존재하지
않아.' 그는 숨을 깊이 들이마셨다. 하지만 들이마신
숨을 미처 내뱉기도 전에 온몸을 쭉 뻗더니 그대로 숨을
거두었다.

소설가들에게 죽음에 대한 묘사는 가장 난감하고 어려운 부분
일 것 같다. 다른 건 겪어 보거나 타인의 증언을 통해 알 수 있
겠지만 죽음만큼은 연습하거나 가까이라도 가 보기 힘들 테
니 말이다. 《이반 일리치의 죽음》에서 이반 일리치가 죽음을
맞는 장면은, 헤세의 《크눌프》에서 크눌프가 숲속에서 죽음
을 받아들이며 눈을 감는 장면과 함께, 죽음을 묘사한 소설의
압권으로 기억되는 장면이다. 《크눌프》가 성장 소설이자 방랑
소설로도 읽히는 데 비해 《이반 일리치의 죽음》은 그 적지 않
은 분량을 '오로지' 죽음의 문제에 할애하고 있다. 실험실 안에

사람을 넣어 두고 실험실 창문을 통해 그를 면밀히 관찰하는 눈 매서운 의사처럼 작가의 깊고 세심한 관찰력이 느껴진다.

야스나야 폴랴나의 톨스토이 생가 박물관에 갔을 때, 사진 촬영이 금지된 그 집에서 유일하게 휴대폰으로라도 담아 갖고 싶은 이미지가 하나 있었다. 작가의 집필실에 걸린 그림이었다. 장작더미 위에 화형을 당해 장렬히 죽음을 맞는 순교자를 그린 것인데, 정교한 펜화 그림에서 화형의 고통스런 순간에도 순교자는 울부짖거나 괴로워하지 않았다. 평온한 얼굴이었다. 그 위로 흰색 펜으로 덧칠한 천사의 형상이 순교자의 고난을 동정하고 축복하듯 이마에 키스하고 있다. 벽에 걸린 죽음의 장면이 톨스토이의 종교적 판타지와 연결된 느낌이었다.

그러나 그가 소설에서 그린 이반 일리치의 죽음은, 종교와는 좀 거리가 있는 인간 심리의 사실성을 보여 준다.《이반 일리치의 죽음》이 예순 가까운 노년에 쓴 작품이라지만 작가가 죽음을 경험했을 리 없잖은가. 그러한데 그의 죽음에 대한 묘사는 상당히 자세한 데다 자못 철학적이어서 비장함마저 느껴진다. 주변의 조문객들은 숨이 막 넘어간 그를 애도하지만, 이반 일리치는 죽음의 기나긴 공포에서 완전히 해방되어 안도하는 것이다. 이 부분에서 죽음에 관한 동양의 지혜로운 경전이라 불리는《티베트 사자의 서》의 한 구절이 떠올랐다.

내가 이 세상에 태어났을 때 나는 울었고, 내 주변의 사람들은 웃었다.
내가 이 세상을 떠날 때 나는 웃었고, 내 주변의 사람들은 울었다.

— 김태관, 《곁에 두고 읽는 장자》에서

3인칭 전지적 시점을 탁월하게 구사하며 죽음을 앞둔 이반 일리치의 극심한 불안은 물론, 주변인들의 마음까지 냉정하게 묘사하려 했던 톨스토이는 비교적 젊은 날에 쓴《전쟁과 평화》에도 죽음의 순간을 이와 비슷하게 묘사한 바 있다. 전쟁에서 얻은 부상으로 소설의 주인공 중 한 명인 안드레이 공작이 마지막 숨을 거두는 장면에서 톨스토이는 죽음에 대한 당시의 생각을 드러냈다. 이 장면의 분위기가 이반 일리치의 임종 장면과 얼마나 흡사한가 비교해 보는 것도 재미있는 일이다.

'그렇다. 그것은 죽음이었다. 나는 죽었다가 눈을 뜬 것이다. 그렇다. 죽음은 각성이다!' 갑자기 마음속이 밝아지고, 지금까지 그가 알지 못했던 것을 가리고 있었던 장막이 마음의 눈앞에서 걷어올려졌다. 그는 지금까지 자신 안에 묶여 있던 힘이 해방되는 느낌을, 또 그 후로 그를 떠나지 않았던 이상한 가벼움을 느꼈다.

— 《전쟁과 평화》에서

부상당한 안드레이 공작을 극진히 간호한 여주인공 나타샤는 공작의 임종을 지킨다. 그리곤 그의 눈을 감겨 주고 그의 몸에 키스를 한 뒤 혼잣말로 묻는다. '그는 어디로 갔을까? 지금 어디 있을까?' 하고.

작가의 사생(死生)관은 노년에 쓴 《인생이란 무엇인가》에서 조금 더 진전된다. 죽음 뒤를 생각하자 출생 전으로까지 생각이 미친 것이다. 그의 생각이 동양의 생각과 더 가까워졌음을 느낄 수 있다.

죽은 뒤에 영혼은 어떻게 될까 하고 생각한다면 태어나기 전의 영혼은 어떠했을까 하는 것도 생각하지 않을 수 없다. 만일 그대가 어딘가로 간다면 당신은 틀림없이 어딘가에서 나온 것이다. 인간의 일생도 마찬가지다. 그대가 이 세상에 온 것은, 어딘가에서 온 것이다. 만일 그대가 죽은 뒤에도 산다고 하면 태어나기 전에도 살았던 것이다.

－《인생이란 무엇인가》에서

LEV TOLSTOY

레 프 톨 스 토 이

결혼은
미친 짓이다?

Kreytserova sonata

크로이체르 소나타

23. 결혼은 사랑의 결실이다?

> "옛날처럼 신랑 신부가 얼굴 한번 못 보고 결혼을
> 해버리는 게 낫다는 건가요? (…) 남자가 사랑은 아는지,
> 사랑을 할 줄 아는 위인인지 아닌지도 모르고 덜컥 시집을
> 가서 평생 고통 받으며 사는 게 더 좋다는 건 아니시겠죠?"

《크로이체르 소나타》에는 초반부터 기차 안에서 낯선 사람들
끼리 벌이는 두 개의 팽팽한 논쟁이 묘사된다. 이 장면이 나
름 압권이어서, 침을 삼켜 가며 읽게 된다.

첫 논쟁은 권위적이고 보수적인 노인과 한 중년부인 간의
논쟁이다. 사랑 없는 결혼 풍습을 악습이라 비난하는 부인에
게 노인은 "너무 많이 배웠어!" 하며, 배운 사람들 때문에 세
상이 거꾸로 돌아간다는 반응을 보이며 다음 역에서 황황히
하차한다. 위에 인용한 문장이 바로 중년부인이 노인을 향해
던진 말이다. 틀린 말이 없다. 우리네 할머님들도 결혼 전에
결혼할 사람의 사진 한 장만 건네받고, 어느 날 트럭에 태워
져 이웃 마을의 신랑 집에 가 혼례를 올려 그 길로 평생 함께

살게 되셨다는 얘길 들었다.

아무튼 여기서 멈췄으면 좋았겠지만 논쟁은 끝나지 않았다. 부인의 완벽한 승리로 보이던 것도 잠시, 부인의 '사랑과 결혼론'에 딴지를 거는 신사가 등장해 그의 반론이 시작된다. 신사가 부인에게 일격을 가하는 반론의 요지는 "사랑 따윈 없다"는 것이다. 포즈드니셰프라고 이름을 밝힌 신사가 반론과 함께 자신의 정체를 언급한 말이 하도 충격적이어서인가, 부인과 다른 승객들은 더 이상 말을 잇지 못하고 하나 둘 다른 객실로 자리를 옮긴다. 신사가 주장하는 요지가 무엇인지, 신사의 정체가 무엇인지는 이어지는 장에 언급할 것이다.

톨스토이가 쓴 소설 중 개인적으로 가장 훌륭한 작품이라고 여기는 《이반 일리치의 죽음》과 〈사람에겐 얼마만큼의 땅이 필요한가〉는 1886년에 발표되었다. 곧 환갑을 앞둔 이 해가 《전쟁과 평화》와 《안나 카레니나》를 쓰던 시기에 이어)내 생각에는 톨스토이 문학의 한 정점이 아니었을까 싶다.

《크로이체르 소나타》는 그 3년 뒤인 1889년에 탈고되었다. 그 전해인 1888년에 술, 담배는 물론 육식까지 공식적으로 끊은 톨스토이에게 이 무렵은 가장 완고한 도덕주의의 시절이자 혐오와 분노, 적개심이 마음속에 가득했던 때가 아니었나 싶다. 인생의 모든 분야에 확고한 신념이 구축되어 많은 것들을 혐오하며 과격하게 판결을 내리는 준엄한 노인의 모습이 눈에 보이는 듯하다. 톨스토이즘이 완성된 때도 이 무렵일 것이다. 이런 그의 민낯을 여실히 들여다볼 수 있는 소설이 《크로이체르 소나타》가 아닐까.

《크로이체르 소나타》는 읽기가 쉽지 않은 소설이다. 처음엔 술술 잘 읽히는데 중간쯤부터 영 속도가 안 난다. 어렵게 쓰여서가 아니라 당최 무슨 말을 하는지 모를 이야기들이 줄줄이 이어져서다. 소설을 더 읽기 어렵게 만드는 것은 쉽게 동의할 수 없는 주장들이 난무한 까닭이다. 극단적인 성욕 혐오, 식욕과 색욕을 무리하게 연결시키는 생각, 결혼과 매춘이 차이가 없다는 생각 등등 도무지 논리나 상식으로 납득하기 어려운 생각들이 설파된다. 차분하고 세심하게 《안나 카레니나》를 한 땀 한 땀 기워냈던 그 톨스토이가 맞나 싶다. 불쾌해진다. 중간에 집어 던지고 싶다. '뭐 이따위 소설이 다 있어? 선생이 드디어 노망나셨군!' 하는 생각도 서슴없이 든다. 톨스토이에 대한 지지를 철회할지도 모른다. 당대에도 이런 비슷한 평가를 받은 것으로 안다. 비슷한 시기에 쓰인 톨스토이의 교훈서들에 대해 탁월한 전기 작가 슈테판 츠바이크가 보인 반응은 이 소설에 느끼는 나의 불쾌함과도 비슷하다.

당대에나 후대에나 많은 사람들이 톨스토이의 교훈적인 저술들에 경악했다. 예를 들어 톨스토이의 소설을 찬미했던 슈테판 츠바이크는 그의 교훈서들을 가리켜 "불쾌한 문학 장르의 가장 불쾌한 견본"이라고 했다.

– 석영중, 《톨스토이, 도덕에 미치다》에서

같은 기차 칸에 남게 된 화자가 그 밤에 포즈드니셰프에게 들은 사연은 이렇다. 결혼 전 타락과 방탕을 일삼으며 살아가던 젊은 귀족 포즈드니셰프가 한 여성과 결혼을 했다는 것, 결혼과 함께 성욕에 휩싸여 살던 그가 곧 아내에게 염증을 느꼈고 잦은 부부싸움을 하게 되었다는 것, 그 사이 아이도 다섯 명이나 낳았다는 것, 아이들마저 부모 중 한쪽 편을 들며 싸워서 집안이 조용할 날이 없었고, 이제 부부는 서로를 증오하고 폭력을 쓰는 데까지 이르렀다는 것이다. 그러던 어느 날 아내가 한동안 손을 놓고 있던 피아노를 다시 치기 시작했다는 것, 그러다 바이올린을 연주하는 사나이가 나타났고 아내가 그에게 마음을 주기 시작했다는 것, 아내와 그가 함께 베토벤의 〈크로이체르 소나타〉를 연주하는 것을 엿들으며 그에 대한 질투와 증오심이 자라났고 커져만 가는 의처증을 어쩌지 못하고 계획을 꾸몄다는 것, 여행을 떠나는 척했다가 다시 집으로 돌아온 그가 두 남녀가 함께 있는 것을 목격하게 되고 분별력을 완전히 상실하여 끔찍한 일을 저질렀다는 것, 그리하여 아내 살해범으로 재판을 받고 감옥에 갇히게 되었다는 것, 그제야 자신의 삶을 후회하고 용서를 구했다는 것, 그렇다는 것.

매우 비극적인 결혼생활의 이야기다. 줄거리의 뼈대만 나열했지만 중간 중간 결혼과 성욕, 사랑, 자녀, 음악에 대해 장광설을 늘어놓는 장면이 몹시 읽기 힘들다. 그러나 소설의 앞부분은 꽤 잘 읽힌다. 치열한 논쟁을 이처럼 차분하고 설득력 있게 펼쳐 나가기란 쉽지 않다. 또한 아내와 사내의 연주를 들으며 질투에 사로잡히는 장면이나 아내를 살해하는 장면의 묘사는 손에 땀을 쥐게 한다. 아무튼 이 소설은 환갑에 이른 톨스토이의 여전히 날 선 필력과 함께 극심해지는 잔소리의 징후를 여실히 보여 주는 작품이다. 그 장광설과 함께 훌륭한 묘사가 돋보이는 장면들을 한번 음미해 보도록 하자.

24. 결혼은 미친 짓이다?

"얼마나 좋아하는 거죠? 한 달? 이틀? 반 시간? (…)
제가 알고 싶은 것은 한 남자 또는 한 여자를 다른
누구보다도 더욱 특별하게 좋아하는 것이 얼마나
지속되느냐는 것입니다."

언젠가 텔레비전에서 방영된 한 과학교양 다큐멘터리 프로그
램은 남녀 간 사랑의 유효기간이 길어야 900일 정도 밖에 되
지 않는다는, 사실 그다지 충격적이지 않은 사실을 찬찬히 설
득력 있게 보여 줬다. 다큐멘터리에서는 처음 사랑이 시작되
는 무렵과 100일, 200일이 지난 뒤 남녀가 키스할 때의 심장
박동수를 측정해 그 논거를 만들었다. 시간이 지나면서 신체
반응 정도가 둔화되어 1년이 지나면 그 열정이 절반 정도로
줄어든다고. 그러면서 사랑이라는 것 자체가 어마어마한 에
너지를 요하는 일이라 그것이 식지 않고 계속된다면 어떤 사
람도 온전히 버티지 못할 거라고 했다.

130여 년 전, 톨스토이도 증오와 질투에 휩싸여 아내를 살

해한 사내의 입을 통해 사랑의 유효기간에 대한 질문을 던졌다. 과학의 힘을 빌린 것은 아니지만 그 시대 사람들 역시 직감적으로 사랑에 유효기간이 있으며 그 기간이 무척 짧다는 걸 알고 있었던 것 같다.《크로이체르 소나타》앞부분에 등장하는 기차 안의 논쟁에서 낯선 사내 포즈드니셰프는 '오래 지속되는 사랑'은 소설에나 나올 이야기라며 좌중을 압도한다.

이런 주장에 근거한 톨스토이의 결혼 혐오는 환갑을 넘은 이즈음에 새로 발병한 병이 아니다. 30대 후반에 쓴《전쟁과 평화》의 앞부분에도 결혼에 환멸을 느껴 차라리 전쟁터로 향하는 길을 택한 안드레이 볼콘스키 공작을 등장시킨다. 그가 친구인 피에르에게 결혼하지 말 것을 종용하는 구절은 이렇다.

"이봐, 절대로, 절대로 결혼 같은 것은 하지 말게. 이것이 자네에게 주는 나의 충고야. 자신이 할 수 있는 모든 것을 다 했다고 스스로 단언할 수 있을 때까지는, 그리고 또 자네가 선택한 여자에 대한 사랑이 식어서 그 여자의 참모습을 명백히 꿰뚫을 수 있을 때까지는 결혼하지 말게 …"

– 《전쟁과 평화》에서

결혼을 일종의 도구로 보거나 그것을 후회하는 부분은《안나 카레니나》나《이반 일리치의 죽음》에도 등장하니 거의 대부분 소설에 나오는 셈이다. 이쯤 되면 '결혼은 미친 짓이다'라는 생각이 소설 속 인물들의 생각이 아니라 작가의 철학에 가깝지 않을까 싶다. 당연하다. 톨스토이의 결혼생활에 대해 조금이라도 알고 있는 사람은 톨스토이가 왜 이런 말들을 소설에 잔뜩 늘어놨는지 알 것이다. 노년에 와서야 성인의 모습을 한 작가가 되었지만 톨스토이의 젊은 날은 '난봉꾼'이라는 이름에 걸맞는 것이기도 했다.《크로이체르 소나타》에서 포즈드니셰프가 고백하는 젊은 날의 타락과 방탕이 작가 자신의 얘기요,《부활》에서 하녀 카튜사를 범하여 아이를 갖게 한 네흘류도프 공작 역시 자신의 이야기다. 톨스토이는 자신의 영지에 사는 농부의 아내 악시니야와 사랑에 빠졌고 티모페이라는 서자를 낳았다. 스스로를 '짐승'이라 부르며 괴로워하는 중에도 젊은 톨스토이는 정욕을 어찌지 못했다. 그런 도덕적 카오스 상태에서 탈출구로 찾은 것이 '결혼'이다.

1862년 자신보다 16살 어린, 당시 18세였던 의사의 딸 소피야와 결혼한 것도 이런 연유에서다. '합법적인' 성생활의 길이 열린 결혼을 통해 부인 소피야는 27년 동안 무려 16번 임신을 했고 13명의 아이를 낳았다. 톨스토이의 정욕과 고민은 해소되고 원만한 가정생활이 유지되었을까? 그와 반대였음은 널리 알려진 사실이다. 노년에 고집스런 도덕주의자로 변모한 남편의 태도는 가정의 생계와 살림을 보살펴야 하는 소피야 부인에게는 재앙과 같은 일이었을 것이다. 둘 사이는 노년으로 갈수록 한없이 멀어져만 갔다. 《크로이체르 소나타》에 알알이 담긴, 증오와 혐오의 장광설을 듣고 있자면 그가 이런 문제들에 관해 얼마나 흥분하며 썼는지가 느껴진다.

결혼은 매매와 다름없게 되지요. 사람들은 순진한 처녀를 난봉꾼에게 팔아넘기고는 온갖 형식으로 이 판매 행위를 그럴싸하게 포장하고 있습니다. (…) 총각으로 있을 때는 절제하던 사람도 결혼을 하고 나면 이제 절제는 필요 없다고 생각합니다. 신혼여행은 부모의 허락을 얻어 둘만이 가는 여행이지만 실상은 타락으로 가는 것을 허락하는 여행입니다.

여자를 보고 음란한 생각을 했다면 이미 간통한 것이라는 복음서의 말은 남의 아내에게 해당되는 것이 아니고 바로 자신의 아내에게 해당되는 겁니다.

결혼은 그럴듯하게 포장한 매매행위에 지나지 않는다는 것, 그렇게 생긴 아이들은 고통만 주는 존재일 뿐이라는 것, 식욕을 억제하지 못하면 성욕도 다스리지 못하게 된다는 것 등등 포즈드니셰프의 입을 빌린 톨스토이의 잔소리는 정말이

인생이 묻고, 톨스토이가 답하다

지 그간의 존경을 한 방에 무너뜨릴 정도다. 자, 이래도 톨스토이를 계속 존경할 수 있을까? 인류의 위대한 스승님이라고 여전히 말할 수 있을까?

너무 많이 나갔다. 톨스토이를 신격화하는 게 책의 의도가 아니듯 이런 면을 필요 이상으로 부각하는 것도 맞지 않다. 그의 말은 각자 알아서 새기자. 아무리 위대한 톨스토이라 해도 시대의 한계와 도덕적, 생물학적 한계를 지닌 한 인간으로 보는 것도 필요하다.

어쨌거나 한두 마디에는 동의할 수 있지 않을까? 오래 지속되는 사랑이란 환상에 불과하다고. 그러니 눈과 감각으로 지속되는 사랑보다 상대방 안에 오래 사랑할 수 있는 어떤 매력, 어떤 본질을 발견하고 집중하면 어떨까 하고.

25. 진실이 선한 것은 아니며,
선하다고 아름다운 것도 아니다

미(美)가 선(善)이라는 완벽한 환상이 있다는 것은
놀라운 일입니다.

톨스토이가 환갑을 맞을 무렵의 연보를 다시 들여다보자. 이
무렵은 톨스토이에게 매우 중요한 시기다. 어떤 의미에선《참
회록》을 쓰며 회심을 일으킨 쉰 무렵보다 이때가 더 중요하
다. '회심'기엔 추상적이었을 개념들이 이 무렵에 구체적인
작품으로 모습을 드러낸다. 게다가 그의 후반생에 가장 큰 영
향력을 미친 체르트코프와 그의 사상에 깊은 영향을 미친 중
요한 책들을 만나는 시기이기도 하다. 간단히 말해 톨스토
이즘이 거의 완성돼 가던 시점이다.《이반 일리치의 죽음》과
《크로이체르 소나타》, 많은 우화들이 이 무렵 쏟아져 나왔다.

이즈음의 연보에서 내 눈을 사로잡는 구절이 또 하나 있다.
톨스토이가 1887년 무렵 독일 철학자 임마누엘 칸트의《실
천이성비판》의 번역에 착수했다는 연보의 한 줄이다. 그걸 완
성했는지에 대해선 확인할 길이 없지만 어쨌든 이 무렵에 그

는 칸트에 빠져 있었음이 분명하다. 그리고 2년 뒤에 이 소설 《크로이체르 소나타》가 탈고된다.

미(美)가 선(善)이라는 완벽한 환상이 있다는 것은 놀라운 일입니다. 아름다운 여인이 바보 같은 소리를 해도 사람들은 그 말 속에서 어리석음보단 현명함을 보게 되지요. 그녀가 추잡한 소리를 하거나 행동을 해도 사람들은 예쁘다고 합니다. 그녀가 어쩌다 바보 같지도 추잡하지도 않은 예쁜 말을 하면, 사람들은 그녀가 현명하고 도덕적인 기적의 여인이라고 확신합니다.

이 구절은 《크로이체르 소나타》의 주인공인 포즈드니셰프가 기차에서 만난 화자에게 자신의 지난날을 고백하는 장면에 등장한다. 젊은 날을 타락과 방랑으로 보내던 청년 포즈드니셰프는 어느 날 달빛 아래 보트를 타고 돌아오다 한 몰락한 지주의 딸에게 반한다. 자신이 찾던 완벽한 여인이라 확신한 포즈드니셰프는 그녀에게 청혼할 결심을 하게 된다. 그것이 하나의 허깨비에 지나지 않았음을 설명하는 대목이 위 구절이다. 뭔가가 눈에 씌어 그녀가 아름답게만 보였고, 아름답기 때문에 도덕적으로도 훌륭할 거라는 착각을 하게 되었다며 미(美)와 선(善)이라는 잣대를 끌어들인다.

철학자들에 따르면, 우리가 진과 선과 미를 분리하여 생각하게 된 것은 순전히 칸트 철학의 공헌이라고 한다. 그 전까지만 해도 진리는 선한 것이고 선한 것은 아름다운 것이며, 또한 아름다움은 진리라는 식의 생각들이 사람들 머릿속에 굳게 자리 잡았었다. 그런데 이들이 서로 같지 않으며 어긋날 수 있음을, 그 각각의 경계를 칸트가 분명히 한 것이다. 진리에 대해 탐구한《순수이성비판》과 선에 대해 파고든《실천이성비판》, 아름다움과 추함에 대해 연구한《판단력비판》의 저서를 통해 이들을 나누어 생각하게 된 것, 그리하여 과학이나 윤리학에 이어 미학이라는 것이 하나의 학문으로 정립된 것 모두 칸트에 와서 가능해진 일이라 했다.

오늘날의 우리는 이런 가치들을 명확히 분리해 사고하고 있는가? 포즈드니셰프의 말처럼 아름다운 사람이 전적으로 착하기만 할 거라는 환상쯤은 다채로워진 영화나 드라마 속 악인 캐릭터를 통해서 많이 깨졌다고 하자. 그럼에도 우리는 여전히 미를 선으로 보고, 진으로 보는 오류에서 쉽게 벗어나지 못하고 있다. 내 가족, 내 편, 내가 지지하는 스포츠 팀과 정당, 내 민족이 무조건 옳고 정의로우며 잘할 것이라는 환상은 어디서 비롯되는가? 착한 사람이 결국 천국에 가리라는 믿음, 정의가 늘 승리하게 되리라는 환상은 과연 맞는 것일까? 환경 파괴 등 위험 요소로 지구의 수명이 얼마 남지 않았다고 하는데 인간이 결국 생존을 위한 답을 찾을 것이라는 낙관론은 어디서 비롯되는가? 당장 아무런 대책이나 행동의 변화 없이 말이다. 진실은 대개 듣기 불편한 것이라고들 한다. 진실이 전부 아름답거나 편할 수는 없다고. 그런데 우리는 종종 출처 불명의 낙관과 근거 없는 믿음에 빠지기 일쑤다.

도스토옙스키의 미완성 걸작 《카라마조프 가의 형제들》에는 이와 관련해 아주 훌륭한 장면이 하나 등장한다. 카라마조프 가의 형제 중 막내아들이자 소설의 주인공인 알료샤는 정교회에 귀의한 신부 지망생인데, 그의 스승은 사람들이 우러러보는 성직자 조시마 장로다. 그 장로가 연로해 결국 영면에 들게 된다. 사람들은 그가 워낙 훌륭한 성자이기에 그에게선 시취(屍臭), 즉 시신이 부패해 나는 역겨운 냄새가 나지 않을 거라 굳게 믿는다. 그러나 하루가 지나고 이틀이 지나자 성자였던 장로의 시신에서 고약한 냄새가 진동하기 시작하는 것 아닌가. 선한 것, 위대한 것이라 하여 아름답지만은 않다는 것을 이 에피소드는 매우 통렬하게 보여 준다. 도스토옙스키 소설의 위대함이란 이런 장면들에 있는 것이다.

얼음이 녹으면 물이 된다는 건 과학적 지식, 즉 진(眞)의 영역일 것이다. 얼음이 녹으면 봄이 멀지 않을 거라 말하는 건 대체로 시의 영역, 미(美)의 문제에 가깝다. 얼음이 녹으면 그

지저분해진 자리를 청소하자고 말한다면는 선(善)의 영역쯤 될까? 얼음 하나가 녹는 일에도 우리의 생각과 관점은 이렇듯 다르게 작용한다. 진과 선, 미를 나누어 생각하는 것은 합리적인 사고를 위해 유용할 뿐더러 꼭 필요하다. 과학적인 관찰과 판단, 거기 깃든 전혀 다른 각의 윤리 문제, 그와는 또 다른 아름다움과 추함의 잣대는 모두 제각각이다. 각기 어렵고 난해한 학문과 영역을 구축하고 있다. 냉철한 머리로 진리를 탐구하면서, 따뜻한 마음으로 선을 구하고, 세상을 구원할 진정한 아름다움을 찾고 고민해야 할 것이다.

인생이 묻고, 톨스토이가 답하다

26. 음악은 도덕적인가?

"어떻게 설명하면 될까요? 음악은 제 자신을 잊게 만들고
제 진정한 모습을 보지 못하게 하고 저를 제자리가 아닌
다른 곳으로 옮겨놓습니다. 음악은 제가 실제로 느끼지
못하는 것을 느끼고, 이해하지 못하는 것을 이해하고,
할 수 없는 것을 할 수 있다고 생각하게 만듭니다."

권태를 넘어 폭력까지 사용하게 될 정도로 부부관계가 타락
한 무렵, 포즈드니셰프의 가정에 한 사내가 끼어든다. 아내가
오랫동안 묵혀 두었던 피아노를 치기 시작하더니 홀연히 나
타난 바이올리니스트 트루하쳅스키와 함께 합주 연습을 하는
게 아닌가. 아내와 낯선 사내의 만남에 의심을 품어 가던 포
즈드니셰프는 그들이 곡을 연습하는 문 밖에서 그들의 대화
를 엿들으며 격렬한 질투를 느낀다. 얼마 뒤 손님들을 초대해
작은 연주회를 열었을 때 그들의 연주를 들은 포즈드니셰프
의 질투는 극에 달한다. 그가 화자에게 말한다.

크로이체르 소나타

151

"그들은 베토벤의 〈크로이체르 소나타〉를 연주했습니다. 처음 나오는 프레스토를 아세요? 아시냐고요?" 그는 소리쳤다. "으…! 이 소나타는 정말 무시무시한 음악입니다. 특히 이 부분은 더욱 그렇습니다. 아니 음악은 정말 무시무시한 것입니다. 그게 도대체 뭔가요? 저는 이해할 수 없습니다. 음악이 도대체 뭐지요? 음악이 하는 일이 뭡니까? 왜 그런 일을 하는 겁니까? 음악이 영혼을 고양시킨다고 하는 말은 모두 헛소리이고 거짓입니다! 음악은 무서운 작용을 합니다."

내면에 증오와 질투를 키워가는 주인공의 독백은 점점 어둡고 격렬해진다. 곧 무슨 일이라도 벌일 것만 같다. 그런데 이 목소리, 어딘가 낯이 익다. 영화로도 만들어진 희곡 〈아마데우스〉의 살리에리의 목소리다! 모차르트가 새로 작곡한 곡을 옆방에서 엿들으며 그의 천재성에 감탄하고 자신의 재주 없음을 자책하던 궁정음악가 살리에리의 어두운 목소리가 떠올랐다. 그 구절을 찾아보았다.

그리고 나서 곧바로 연주회가 시작되었죠. 나도 방문에서 흘러나오는 음악을 들었습니다. 어떤 세레나데였지요. 처음엔 아슴푸레 들렸습니다만, (…) E플랫의 장엄한 아다지오였습니다. 그 음악은 단조롭게 시작됐어요. (…) 그 소리가 계속되고, 난 귀를 거머쥐

고, 난 그만 숨이 막힐 정도였습니다. (…) 고통의 가느다란 밧줄
이 나를 휘감고 조였습니다. 아, 그 고통! 내 일찍이 알지 못했던
그 고통. 난 나의 하나님께 외쳐댔죠. "이것이 뭡니까? 도대체 뭐
란 말입니까?!"

– 피터 셰퍼, 〈아마데우스〉에서

어쩜! 서로 다른 작품에 나오는 두 인물의 흡사한 독백, 그
톤과 감정의 유사함에 놀랐다. 흘러나오는 음악을 들으며 고
통, 환희, 질투, 절망을 느끼는 이들의 목소리를 들어 보라. 가
사 없는 음악을 듣고 선이라든가 악, 도덕과 비도덕의 감정을
오가며 격렬히 반응하는 것이 가능하기나 할까?

그런데 왜 하필 다른 곡도 아닌 베토벤의 〈크로이체르 소
나타〉일까? 책을 읽다 말고 베토벤의 바이올린 소나타 9번,
일명 〈크로이체르 소나타〉를 직접 찾아 듣고서야 까닭을 알
수 있었다. 그 곡은 말하자면, 말이 좋아 합주지 바이올린과
피아노의 정사가 아닌가. 두 악기의 선율이 서로를 탐하고 뒤
엉켜 종잡을 수 없이 빨라진다. 차이콥스키나 막스 브루흐
의 바이올린 협주곡은 바이올린을 위해 악기들이 배경을 이
뤄 조화하며 숭고한 미를 연출하는데 〈크로이체르 소나타〉는
두 악기가 서로 부딪치고 충돌해 종잡을 수 없는 방향으로 흐

른다. 베토벤의 곡치곤 화려한 질서나 안정감 없이 제멋대로 도발하는 느낌이다. 소설 어디에도, 어떤 해설도 톨스토이가 이 곡을 고른 이유를 설명해 주지 않지만, 우리의 귀는 어쩐지 이해할 수 있을 것 같다. 극작가 뒤렌마트의 희곡 〈물리학자들〉에도 간호원을 살해한 정신병자가 이 곡을 연주하는 장면이 나온다. 어딘가 범죄의 냄새가 나는 곡처럼 느껴지는 것일까?

사실 음악과 도덕의 문제는 작가들이 자주 언급한 주제다. 작품 속에 특정한 생각을 담기 마련인 문학이나 미술과 달리, 가사가 생략된 음악은 도덕적 판단의 영역에서 벗어나 있는 듯 보인다. 헤세는 《데미안》의 한 구절에서 '음악은 도덕적이지 않아서 좋아'란 구절을 남겼고, 아인슈타인도 어느 글에선가 '바그너가 저지른 모든 비양심적인 행동은 그의 작품을 위해 저질러졌다는 사실로 용서될 수 있다'는 글을 남겼다.

음악과 정치의 관계에서도 이런 균열은 자주 보인다. 유명한 클래식 음악가 중에는 훗날 파시즘이나 절대 권력에 동조한 사람들이 많았다. 독일 민족주의에 사로잡힌 바그너의 음악은 히틀러의 나치즘이 선호했고, 감미로운 아리아를 쓴 푸치니도 말년에 무솔리니와 두터운 친분 관계를 유지했다. 베를린 필의 명지휘자 카라얀이 나치에 부역했던 과거도 널리 알려진 사실이다. 근대 클래식 음악이 귀족이 즐기는 문화로

궁중이나 고위 정치인들에게 사랑받아 온 이상, 음악가들이 상류 사회에 편입되거나 어울리려는 시도는 그대로 그들의 정치적 입장이 되기도 했다. 물론 자신의 작품들 속에서 귀족들을 조롱한 모차르트나 당시로서는 상당히 급진적이었다는 베토벤의 경우는 좀 다르지만 말이다.

《크로이체르 소나타》와 관련해 더 언급할 것이 있다. 낯선 음악가와 바람난 아내의 모티브가 작가의 실화에서 비롯됐다는 사실이다. 톨스토이의 부인 소피야가 연하의 피아니스트와 염문을 뿌린 일은 유명한 사건이었다. 쉰을 넘긴 소피야 부인이 타네예프라는, 차이콥스키의 제자이자 라흐마니노프를 가르치기도 했던 연하의 피아니스트와 연애를 한 것이다. 주변의 만류에도 불구하고 염문은 계속되었다. 톨스토이의 결혼 혐오에 이런 사정도 작용했을 터다.

톨스토이는 음악이 사람들의 이성을 마비시키고, 영혼을 고양시키기는커녕 자극만 일삼는다며 음악은 아무튼 '무서운 것'이라고 포즈드니셰프의 입을 통해 말한다. 그러나 음악에만 그치는 것이 아니었다. 그는 노년에 접어들어 예술 전반에 대한 혐오와 반대를 표명했다.

안타깝고도 놀라운 것은 《예술이란 무엇인가》의 결론 부분이다.

(…) 톨스토이에 따르면, 예술은 "우리 인류를 학대하는 가장 잔악한 악 중 하나다." 따라서 "가짜든 훌륭한 것이든 현재 존재하는 예술이라 하는 것은 모두 매장해 버리는 것이 우리 그리스도교 세계를 위해서는 오히려 좋지 않을까 하는 생각이 든다"는 것이다! 결국 '예술이란 무엇인가'라는 질문에서 시작한 그의 책은 예술을 박멸하자로 끝나는 것이다.

– 석영중, 《톨스토이, 도덕에 미치다》에서

이런 철학에 근거한 것인지, 그는 보들레르, 베를렌 등 당시 프랑스 상징주의 시인들부터 셰익스피어, 바그너 등의 예술가를 통렬히 비난했다. 톨스토이가 볼 때 그나마 인류에게 도움이 될 만한 예술작품은 어떤 것들이 있을까.

군이 고르자면, 프리드리히 실러의 《군도》, 빅토르 위고의 《가난한 사람들(레미제라블)》, 찰스 디킨스의 《두 도시 이야기》, 스토 부인의 《톰 아저씨의 오두막》, 도스토예프스키의 작품들 중 특히 《죽음의 집의 기록》, 밀레의 그림, 음악에서는 행진곡, 춤곡, 민요 등을 제외하면 바흐의 바이올린 협주곡 및 하이든과 모차르트와 쇼팽과 베토벤의 극히 일부 작품들이 여기에 해당한다. 그러니까 이 밖의 예술작품은 다 나쁘다는 뜻으로 받아들이면 된다.

– 석영중, 《톨스토이, 도덕에 미치다》에서

인생이 묻고, 톨스토이가 답하다

27. 문학적인, 너무나 문학적인

> "당신은 내가 누군지 알아차리신 것 같군요. (…) 저는
> 포즈드니셰프라고 합니다. 당신이 암시한 비판적
> 에피소드, 바로 아내를 살해한 에피소드의 주인공이오."
> 그는 우리 모두를 빠르게 둘러보며 말했다. 모두 할 말을
> 잊은 채 침묵을 지켰다.

칸 영화제에서 황금종려상을 두 번이나 수상한 이마무라 쇼
헤이 감독의 영화 〈우나기〉의 첫 10여 분은 매우 강렬하다.
이보다 강렬한 도입부의 영화를 쉽게 떠올리지 못하겠다.

성실한 샐러리맨이던 남편의 유일한 낙은 고된 일을 마
친 주말 밤에 낚시를 가는 것이다. 아내는 낚시 가는 그를 위
해 맛있는 도시락을 싸준다. 어느 날 그에게 낯선 편지가 도
착한다. 당신이 밤낚시 간 사이에 당신의 아내가 인륜에 어긋
난 짓을 저지르고 있다고. 착하고 헌신적으로만 보이던 아내
를 의심하는 게 탐탁지 않지만 어느 날 밤, 그는 낚시를 갔다
가 바로 철수해 집으로 돌아온다. 몰래 집으로 잠입해 들어온

그의 눈앞에 펼쳐진 광경이란. 그리고 곧 선혈이 낭자한 살인이 벌어진다. 장면이 바뀌며 경찰서의 문이 열린다. 야근을 서던 나른한 경찰들 앞으로 한 사내가 다가온다. "방금 아내를 살해하고 오는 길입니다. 이게 그 증거물입니다. 자수합니다." 그의 옷은 피로 얼룩져 있고 손에는 피 묻은 칼이 들려 있다.

130여 페이지에 달하는 《크로이체르 소나타》의 앞부분 15페이지 정도는 술술 잘 읽힌다. 기차 안에서 우연히 만난 사람들이 사랑과 결혼에 대한 논쟁을 펼치는데 한 사내가 등장해 자신의 주장을 펼치다가 스스로 정체를 밝히며 끝을 맺는다. 자신이 '아내를 살해한 남자, 포즈드니셰프'라고. 객실 안 손님들은 모두 말을 잃고 곧 다른 객실로 슬그머니 흩어진다. 화자만이 남아 그 밤 포즈드니셰프의 기구한 이야기를 듣는 게 소설의 남은 이야기다. 이후로 7, 80여 페이지에 걸쳐 몹시 지루하고 말도 안 되는 사내의 궤변에 가까운 철학이 펼쳐진다는 건 앞에서 설명한 바다. 소설은 결말로 향해 가며 다시 손에 땀을 쥐는 이야기로 급전한다. 포즈드니셰프의 이야기의 귀결은 비극적인 살인 사건이다.

아내와 바이올리니스트 사이를 의심하던 포즈드니셰프는 자신이 며칠 걸릴 여행을 떠난다고 귀띔하고 집을 나선 뒤 이내 기차역에서 방향을 돌려 집으로 돌아와 잠입한다. 아내와

인생이 묻고, 톨스토이가 답하다

바이올리니스트가 함께 있는 현장을 목격하자마자 그의 손에 들린 단검은 이성을 잃는다. 두 사람의 변명을 들을 새도 없이 단검은 아내의 코르셋과 갈비뼈 아래 옆구리를 뚫는다. 끔찍한 일을 저지른 뒤 극심한 피로를 느껴 두어 시간을 잔 뒤 경찰에 의해 체포된다. 아내의 시신을 마주하고 감옥에 수감된 그는 그제야 잘못을 뉘우친다. 자신의 이야기를 맺으며 사내는 격하게 흐느끼고 자신의 죄를 뉘우친다.

앞서 말했듯, 지루하고 불쾌한 중간 부분을 제외하고 소설의 앞과 뒤는 술술 읽힌다. 녹슬지 않은 작가 톨스토이의 솜씨가 여전히 얼마나 대단한지 실감할 수 있다. 작품 후반부, 의심과 질투, 분노가 커져 끔찍한 살인으로 이어지는 장면들에서 좋아하는 여러 작품들이 겹쳐 떠올랐다. 베네치아 최고의 미녀 데스데모나를 아내로 둔 오셀로가 부관 이아고의 모략에 의해 점점 의처증에 빠져드는 모습이 보였고, 앞장에서 언급한 살리에리의 목소리도 들었으며, 생생한 살인 장면에서는 도스토옙스키가 《죄와 벌》에 펼쳐 놓은 너무도 탁월한 살인의 묘사가 겹쳤다(혹시 톨스토이가 《죄와 벌》의 살인 장면을 의식한 것은 아닐까?).

언급한 작품들은 모두 인간 심리에 깃든 불안과 불완전함을 깊이 파고든 명작들이다. 질투와 분노, 의심, 교만, 탐욕 등은 단테가 《신곡》에서 말한 일곱 가지 죄악과 겹치거니와 고대 희랍극부터 셰익스피어 희곡의 주인공들이 지닌, 비극을 빚어내는 성격적 결함(흔히 '하마르티아(Hamartia)'라 불리는)들이기도 하다. 나 역시 불완전하고 나약한 인간이어선가, 이런 주인공들에 쉽게 공감하고 연민을 느끼곤 하였다.

그런데 내면의 바닥을 훑는 글을 탁월하게 잘 쓴 톨스토이는, 이와는 전혀 다른 방향의 이상적 메시지를 남겼고 이쪽이 자신이 추구하는 예술에 가깝다고 선언했다.《안나 카레니나》의 '훌륭하고 지겨운 남자' 레빈의 이야기가 그렇고 곧 언급할《부활》의 이야기도 그렇다. 도덕적인 인물들이 등장해 독자들을 가르치고 삶의 방향을 제시하려 드는 글들이다. 대문호 톨스토이가 깨달아 얻은 결론이야 그렇다 쳐도 독자인 내겐 다른 생각이 든다. 살인으로 치닫기 전, 두 사람의 합주를 엿듣게 된 포즈드니셰프의 마음에 이는 의심과 질투가 더 문학적이며 더 교훈적인 결말을 예고하고 있지 않을까?

문은 닫혀 있었고, 규칙적인 아르페지오와 두 사람의 목소리가 들려왔습니다. 귀를 기울여 보았지만 무슨 이야기인지는 알 수 없었습니다. 자신들의 말이 들리지 않도록 일부러 피아노를 치는 게 분명했습니다. 어쩌면 키스를 하고 있었는지도 모르겠습니다. 이럴 수가! 속에서 뭔가 울컥 치밀어 올라왔습니다. 저는 그때 제

인생이 묻고, 톨스토이가 답하다

내부에 숨어 있던 짐승이 살아나는 것을 느꼈습니다. (…) '어떻게 해야 하지? 들어가 볼까? 하지만 내가 무슨 짓을 벌일지 겁나!'

톨스토이가 사망한 몇 해 뒤, 러시아에는 사상 유례가 없는 사회주의 혁명이 일어나 소비에트 정권이 들어선다. 톨스토이의 애독자였던 레닌이 집권한 사회주의 러시아에서 톨스토이는 지속적으로 권장되고 읽혔다. 반면 도스토옙스키의 소설은 격하되고 외면받았다. 후자의 등장인물들은 사회주의의 이상으로는 쉽게 설명할 수 없는 이들이었다. 사회주의 체제를 지탱하기 위해 필요한 인간형이란 레빈이나 《부활》의 네흘류도프 같은 건강한 노동이나 계몽의 인간들이었다.

많은 평론가가 70여 년밖에 지속하지 못한 소비에트 사회주의의 실패를 이 지점에서 찾는다. 그 존재를 부정할 수 없는 도스토옙스키적 인간에 대해 이해하고 수용하는 데 소비에트가 실패했다는 것이다. 아무리 도덕적 정권이 들어서 민중을 계몽하고 통제하려 들어도 인간의 불가해한 면까지 장악하긴 쉽지 않다. 그런 면에서 톨스토이가 비난한 셰익스피어나, 비극이라는 고도의 '협박 체계'로 시민을 교육시킨 희랍극의 전통은 탁월한 면이 있었다. 도덕은 도덕적 주인공들의 잔소리를 통해서가 아니라 오만하고 이기적이며 결함 많은 인간들의 몰락과 깨달음을 통해 더 효과적으로 형상화되곤 한다.

LEV TOLSTOY

레 프 톨 스 토 이

죄 없는 자가
먼저 돌을 던져라

Voskresenie

부활

28. 그래도 봄은 온다!

> 몇 십만이나 되는 인간들이 지상의 한 작은 지역에
> 모여 밀치락달치락하며 그 땅을 보기 흉하게 만들려고,
> 아무것도 자라지 못하게 땅바닥을 돌멩이로 덮고, 그 틈
> 사이로 자라는 모든 잡초의 싹을 뽑아내고, 그 대기를
> 석탄과 가스의 연무로 채우고, 나무들을 잘라내고, 또
> 모든 짐승과 모든 새들을 내쫓는 등, 제 아무리 노력을
> 다하였다고 해도, 그러나 봄은 역시 봄이었다.

기묘하게 뒤엉켜 소음처럼 들리던 음들이 실타래 풀리듯 풀려 단정한 선율로 정리된다. 이 문장은 흡사, 스메타나의 교향시 〈나의 조국〉의 그런 전주 부분을 떠올리게 한다. 문장에 그런 형식미가 느껴진다. 카오스 같던 겨울을 보내고 어렵게 찾아와 대지에 은밀하게 스미고 번지는 봄의 기운처럼 《부활》의 문을 여는 이 구절도 어딘가 가슴 벅찬 희망과 부활의 기운이 역력하다. 그게 어디 보통의 겨울인가? 나폴레옹과 히틀러의 막강한 군대들을 패퇴하게 만든 혹독한 러시아의 겨울

이 아니던가?

이 문장에는 또한 칠순을 넘긴 톨스토이가 혼신의 힘을 다해 마지막 걸작을 써 보겠다는 야심, 그 호기로움도 느껴진다. 자, 다시 뭔가 좀 써 볼까?

톨스토이가 《부활》을 세상에 내놓은 1899년 무렵엔 러시아도, 세상도, 톨스토이도 많이 변해 있었다. 톨스토이가 태어난 19세기 초반이나 그가 명성을 쌓아 온 세기의 중반을 거쳐 20세기 문턱에 서면 세상은 완전히 다른 곳이 되어 있다. 산업화와 혁명의 조짐이 격화되던 무렵 톨스토이는 수염을 치렁치렁 늘어뜨린 성자의 얼굴을 하고 있다. 지고의 도덕적 삶을 실천하려는 대문호에게 러시아는 물론 전 세계에서 그를 스승으로 삼겠다는 지식인, 작가들의 방문과 편지가 쇄도했다. 톨스토이는 세계에서 가장 유명한 사람이 되었고 가장 존경받는 성자의 반열에 올라서려던 참이다.

그러나 그를 둘러싼 주변 형편은 이와는 달리 매우 복잡하게 흘러갔다. 도덕을 설파할 뿐 아니라 실천하려던 톨스토이는 가족, 특히 소피야 부인에게는 너무 무책임하고 이기적인 사람으로 비쳤을 것이다. 허름한 작업복을 입고 농민들 속에서 손수 땀을 흘리며 농사를 짓는 거야 그렇다 쳐도, 그가 쌓은 위대한 업적이자 중요한 재산이기도 했던 《전쟁과 평화》,

《안나 카레니나》등의 저작권을 민중에게 돌리겠다는 결심은 가정의 불화를 일으키는 중요 불씨로 작용한다.

톨스토이의 마음을 사로잡으며 그로 하여금 극단의 도덕을 실천하도록 부추긴 사람이 1883년 그의 영지에 나타난 체르트코프다. 이 사람은 톨스토이 후반생의 가장 중요한 인물로 떠오른다. 톨스토이를 따르는 사람들을 모아 '톨스토이즘'을 실천하는 공동체를 이끌었으며, 톨스토이의 저작권을 민중의 소유로 돌리는 작업을 열심히 진행한 톨스토이의 수제자도 그였다.

그 반대편에 소피야 부인이 있다. 그녀는 어떻게든 남편의 저작권만큼은 빼앗기지 않으려고 갖은 애를 쓴다. 젊은 날 톨스토이의 '수천 쪽에 이르는' 대작 《전쟁과 평화》를 일일이 손으로 옮겨 적고 정리해 주었는가 하면, 결혼한 뒤 20여 년간 남편이 위대한 작품들을 써 나가는 데 물심양면 많은 기여를 해 온 자신인데 어디서 듣도 보도 못한 체르트코프라는 작자가 나타나 남편을 뒤흔들고 있는 것이다. 체르트코프와 소피야 부인 사이는 철천지원수가 돼 간다. 소피야 부인이 체르트코프의 초상화에 총을 쏘았다는 기록도 있고 남편과 체르트코프를 동성애 관계로 의심했다는 기록도 있다. 그러나 노년의 톨스토이의 마음은 체르트코프에 기울어진 듯하다. 톨스토이와 소피야 부인 사이에서 태어난 막내딸 알렉산드리아

인생이 묻고, 톨스토이가 답하다

역시 아버지의 열렬한 추종자가 되어 엄마인 소피야 부인을 철저히 배격한다.

1910년, 톨스토이 생의 마지막 몇 달을 그려낸 영화 〈톨스토이의 마지막 인생〉에는 소피야 부인과 체르트코프 간의 격한 대립이 그려진다. 여생이 얼마 남지 않은 톨스토이의 유언장에 어떤 문구를 적을 것인가를 두고 대립은 격화된다. 그 유언에는 물론 저작권과 관련된 문구가 적힐 것이다. 마침내 1910년의 가을, 톨스토이는 고요와 평온 속에 생의 마지막 나날을 보내고 싶다며 홀연히 정든 야스나야 폴랴나를 떠나 가출을 감행한다. 그는 멀리 가지 못하고 간이역인 아스타포보 역에서 쓰러져 그 역장의 집에서 앓다가 죽음에 이른다. 임종 직전, 소식을 듣고 급히 찾아온 소피야 부인은 톨스토이가 누운 방으로 출입을 제지당하여 마지막 곁도 지킬 수 없게 된다.

임종 10여 년 전에 발표된 《부활》은 이런 갈등이 차츰 격화돼 가는 속에 특별한 동기로 창작되었다. 과거 자신이 썼던 소설들마저 부정했던 노대가가 어떤 특별한 목적을 위해, 어떤 기금을 마련하기 위해 다시금 장편소설에 착수한 것이다.

당시 정부로부터 극심한 탄압을 받던 '두호보르파'라는 종교 집단이 있었다. 교회도 헌금도 성직자도 부정하고 오로지

성경에 적힌 그대로 원시적인 기독교로 돌아갈 것을 주장한 교파였는데 교회나 황실에는 편치 않은 존재들이었으리라. 그들이 보니 톨스토이가 자신들의 교리, 주장과 그다지 다르지 않은 말씀을 펼치고 있는 것이 아닌가. 그들은 톨스토이를 찾아가 자신들이 탄압을 피해 신앙생활을 이어 갈 수 있도록 캐나다로 이주하게 도와달라는 부탁을 한다.

톨스토이가 《부활》의 집필에 착수한 동기가 그러했다. 그들의 이주 비용을 마련하기 위해. 소설의 내용 역시 두호보르파가 추구한 교리가 어느 정도 반영된다. 결과적으로 이 소설의 성공을 통해 두호보르파 교인들은 자신들의 뜻을 이루었다.

《부활》 뒤에도 톨스토이는 몇몇 작품을 더 썼다. 희곡 〈산송장〉이나 〈어둠의 힘〉 등을 썼으나 극의 상연이 금지당하거나 완성되지 못했다. 그러는 사이 노자와 공자, 플라톤, 아리스토텔레스부터 동시대 지식인들까지 동서양의 온갖 지혜를 옮겨 적은 잠언집인 《인생이란 무엇인가》를 틈틈이, 꾸준히 써 왔다. 《하지 무라트》 같은 소설도 남겼다. 그러나 그의 후기 대표작은 아무래도 이 소설 《부활》이다. 이제 톨스토이가 노년에 구상하고 다진 사상과 이상 속으로 들어갈 때가 되었다. 그런데, 왜 하필 톨스토이 마지막 소설의 제목이 '부활'일까?

29. 나는 얼마나 모순된 사람인가

> "이모님은 그리스도 교인이시고 복음서를 믿고
> 계시면서도 무자비하시군요."
> "그것과 이것은 아무 관계가 없는 일이다. 복음서는
> 복음서이고 싫은 건 싫은 거야."

《부활》의 스토리를 요약하기 앞서 노래 하나를 소개하는 게
좋을 것 같다. 우리네 오래된 트로트풍 가요 중에 〈카츄샤의
노래〉란 게 있다. 어릴 적엔 그저 신파 조의 노래라 생각했는
데 지금 와 보니 《부활》의 이야기를 나름의 연애 가사로 각색
한 노래다.

마음대로 사랑하고 / 마음대로 떠나가신 / 첫사랑 도련님과 /
정든 밤을 못 잊어
얼어붙은 마음속에 / 모닥불을 피워놓고 / 오실 날을 기다리는 /
가엾어라 카츄샤

여주인공 카튜사가 하녀로 일하던 집에서 자신을 범하고 간 공작 네흘류도프의 아이를 갖게 되어 쫓겨나 끝없는 인생의 추락을 경험하다 살인 누명까지 쓰고 재판에 회부되는 내용으로 《부활》은 시작된다. 네흘류도프가 우연히 배심원 자격으로 재판에 참여했다가 살인 누명을 쓴 여성이 카튜사임을 알고는 죄의식에 휩싸이는 게 《부활》의 주요 모티브다.

톨스토이의 최후 역작이자 톨스토이 사상의 결정체이며 엄청나게 정치적인 소설이기도 한 《부활》이 한국의 트로트로 불려지다니, 그게 또 이렇게 오래 기억될 만큼 인기를 끌었다니 이런 현상을 어떻게 설명할 수 있을까?

초창기 우리 대중가요로 불리게 된 '뽕짝(트로트)' 장르는 일본의 '엔카'로부터 영향을 받은 것이라 한다. 〈카튜샤의 노래〉란 곡이 엔카 초창기에 발표돼 일본에서 인기를 끌었는데, 그 곡이 위에 언급한 곡과 같거나 비슷한 지는 알 길이 없다. 1914년 작곡되었다고 하니 톨스토이 사망 4년 뒤다. 러일전쟁 직후에 일본 사람들이 러시아에, 특히 톨스토이에 많은 관심을 갖게 되었다 하는데, 당시 톨스토이의 명성이 얼마나 세계적이었던가를 보여 주는 사례가 아닐까 싶다. 가련하고 비참한 여성을 대중가요의 소재로 삼기에는 《안나 카레니나》가 훨씬 어울릴 터인데, 〈카튜샤의 노래〉는 《부활》의 그 무겁고 준엄한 진면목은 모두 생략한 채 사랑에 배신당한 가련한 여성의 슬픔만을 노래한다.

　노년의 톨스토이는 불편하다. 어쩌다가 엄청난 잔소리꾼이
됐다. 웅장하고 장엄한 대작《전쟁과 평화》를 쓰고, 세심하면
서도 감동적인《안나 카레니나》를 썼으며, 보이지 않는 신의
존재마저 느끼게 해줄 아름다운 우화를 많이 남겼는데《크로
이체르 소나타》부터는 좀 이상하다.
　《크로이체르 소나타》가 다소 거친 생각과 언어로 설교를
해대기 시작했다면, 녹슬지 않은 '글빨'을 모처럼 발휘한《부
활》에서는 아주 세련된 방식으로 잔소리를 한다. 네흘류도프
라는, 자신의 과거를 깊이 참회하는 인물을 통해서다. 그가
펼치는 회개와 참회의 여정은 더없이 차분하고 진지하게 진
행되는데, 이렇게 정성껏 구축된 네흘류도프라는 인물을 통
해 작가는 사법제도, 관료제도, 교회 등 자신이 문제의식을
느끼는 괴물들을 하나씩 물리쳐 나간다. 그런 면에서《부활》
은 위대한 작가 톨스토이와 위대한 스승이 되고자 하는 톨스
토이가 어느 정도 성공적으로 만나는 지점에서 탄생했다 보
여진다. 톨스토이 인생을 결산하는 작품이라 불러도 될 것이
다. 그럼에도 소설은 그리 편하지만은 않다. 아무리 나긋나
긋한 목소리와 세련된 솜씨로 말한다 해도 잔소리는 잔소리
인 것이다.

배심원의 한 사람으로 참가하게 된 재판에서 어딘가 낯익은 여성 죄수의 얼굴을 본 네흘류도프는 10여 년 전 군대로 복귀하는 길에 우연히 들른 고모님 댁에서 만난 그 집 하녀 카튜샤를 떠올린다. 그가 죄를 저지른 날이 바로 그리스도의 '부활'절 날이다. 소설 제목이 '부활'인 이유다.

살인 혐의를 받고 재판정에 선 죄수 카튜샤의 이야기를 듣게 된 네흘류도프는 카튜샤의 끝없는 추락이 바로 자신의 죄에서 비롯되었음을 알게 된다. 카튜샤는 아기를 임신했다 유산하며 쫓겨나고, 이후 갖은 고생을 다 하다가 매춘부로 전락한다. 그리고 모종의 사건에 연루돼 살인 누명을 쓰고 법정에 서게 된 것이다. 카튜샤에 대한 죄책감에 휩싸여 그녀에 대한 구명 운동으로 시작된 네흘류도프의 양심의 여정은 차츰 러시아 사회 전체에 대한 비판으로 진전된다. 그는 자신의 모든 것을 내려놓고 자발적인 고난의 삶을 택하려 한다.

과연 나는 시베리아로 가는 게 옳을까? 또한 내 재산을 포기하는 게 옳은 일일까?

요약한 내용에서 보는 바와 같이 소설을 관통하는 주제는 '양심'(혹은 '죄의식')이라 할 만하다. 우리 시대에는 푸줏간의 고깃덩어리처럼 값싸고 흔한 것이 되어 버린 양심. 그걸 지켜

나가기는커녕 언급하기조차 불편하고 순진한 일이 되어 버린 시대에 톨스토이의 《부활》이 편히 읽힐 리 없다. 러시아 문학의 중심 화두기도 한 '죄의식'을 통해 네흘류도프는 러시아의 교회, 사법, 관료제도 등의 실체를 깨닫고 이를 비판하고 공격한다. 자신이 얼마나 모순된 사람인가를 깨달으며 느끼는 양심과 죄의식. 그런 것이 문학의 주제가 되던 시대는 얼마나 행복했던가.

유혹의 소리가 또다시 네흘류도프의 마음 속에서 들려왔다. 그 소리는 평상시처럼, 무엇을 해야 하는가 하는 문제를 그 결과가 어떻게 될 것인가, 어떻게 하는 것이 자신에게 유리할 것인가 하는 문제로 그를 끌고 가려 했다.

(⋯) 그의 내면의 삶은 지금 이 순간 흔들리는 저울대 위에 있어 조금만 힘을 가해도 어느 쪽으로든 기울 것만 같았다. 그래서 그는 마음으로부터 그 존재를 느꼈던 신을 부르며 선한 쪽에 무게를 실으려고 노력했다. (⋯) 그는 그녀에게 모든 것을 얘기하리라 결심했다.

– 서상국 역, 《부활》에서

30. 먼저 자신 안에 있는 신을 만나라

사제가 씨근대는 말소리로 수없이 그 이름을 되풀이해서
부르며 갖가지 기이한 말로써 찬양했던 그 예수는, 거기서
행해진 모든 것을 명백히 금했었다. 이를테면 빵과
포도주를 놓고 무의미하게 수다를 떤다든가 모독적인
요술을 부리는 것을 금했을 뿐 아니라, 다른 사람을
스승으로 부르는 것이나 사원 안에서 기도하는 것을 매우
단호한 태도로 금하고, 누구나 혼자 기도하라고 명했었다.

예수 그리스도는 그리스도교도인가? 예수가 그리스도교도라
면 그는 천주교도인가, 장로교도인가, 감리교도인가? 아니면
정교회의 신자인가? 이들은 왜 종파를 달리하며 자기 정통성
만을 강조할까? 오늘날 어느 종파가 하느님과 그리스도의 말
씀을 제대로 실천하고 있을까?

　톨스토이는 이 질문들에 대해 무척 회의적인 생각을 품었
던 게 분명하다. 여러 책에 자신이 생각하는 신과 교리에 대
한 생각, 교회와 성직자에 대한 문제들을 꾸준히 제기해 왔다.

교회와 신앙, 성직자에 대한 가장 뾰족한 말들을 남긴 소설이 그의 마지막 대작《부활》이다.

이 소설에 등장하는 기독교에 대한 톨스토이의 비판은 소설을 쓰게 된 동기였던 두호보르파의 교리와 상당히 닮았다. 당대 러시아의 정교회가 그리스도가 말씀하신 교리에서 벗어나 타락한 모습을 보인다는 것이 그들과 톨스토이의 공통된 비판이다. 교회도, 성직자도, 헌금도 없는 원시의 기독교로 돌아가야 한다는 것이다.

그 비판들이 하도 과격해 결국 톨스토이는 정교회에서 파문을 당했고 한 세기가 훨씬 지난 지금까지도 그 파문이 거두어지지 않은 것으로 안다. 톨스토이가 파문되자 그를 따르는 독자, 지식인들 사이에 교회에 대한 불같은 비난이 일었다. 곧 톨스토이가 팔순 생일이 되어 전 세계로부터 축하와 감사의 인사를 받을 때에도 교회는 침묵했고 오히려 그의 생일을 축하하지 못하도록 단속했다는 사실도 전해진다.

그토록 교회를 비판하긴 했지만 톨스토이가 기독교를 버리거나 폄하한 것은 아니다. 외려, 그가 노년에 몰두해 쓰기 시작한 민중을 위한 우화를 보면 그는 여전히 '골수' 그리스도교도임엔 틀림없다. 그 작품들에 등장하는 신은 멀리 있는 것이 아니라 우리 곁에 있는 구체적인 '현실'로 언급된다. 그러나 톨스토이가 다시 솜씨를 발휘해 (우화가 아닌)리얼리즘에 가까운 소설에 손을 대자 교회, 신앙에 대한 비판은 너무나도 매섭고 무자비하게 폭발한다. 톨스토이즘이라 부를 사상의 한 축이 제대로 그 모습을 드러낸 것이다. 앞의 인용문에 이어지는 글은 다음과 같다.

> 사제가 씨근대는 말소리로 수없이 그 이름을 되풀이해서 부르며 갖가지 기이한 말로써 찬양했던 그 예수는, (…) 또한 사원 자체를 금하며, 손수 가서 그것들을 부수겠다고 말하고, 누구나 사원 속에서가 아니라 마음과 진실 속에서 예배하라고 말했었다. 또한 다른 무엇보다도 예수는, 이곳에서 행해지고 있는 것과 같이 사람들을 심판하는 자리에 앉거나 그들을 감금하고 모욕하고 괴롭히고 처형하는 것을 금했을 뿐 아니라, 어떠한 폭력을 행사하는 것도 금하고, 그 스스로 죄수로 붙잡힌 사람들을 자유롭게 놓아주기 위해서 왔노라고 말했었다.

모든 종교와 사상들에 '원리주의', '근본주의' 경향이 심화돼 가는 세상이다. 자신의 믿음만이 절대적으로 옳다 여기며 다른 믿음을 배척하고 탄압하는 일이 너무도 쉽게 자행된다. 여기에 정치, 경제, 민족, 계급의 문제가 결합되면 사상은 더 위험하고 끔찍한 폭탄으로 돌변하기 마련이다. 중동이나 미얀마, 터키, 파리, 뉴욕에서 근 10여 년 새 벌어진 일들을 상기하면, 어떻게 모두 '사랑'과 '자비'를 말하는 신들을 섬기는데 결과는 이렇게 끔찍한 것일 수 있는지 아연하기만 하다. 인류의 거의 모든 전쟁들 역시 본질적으로 종교 전쟁이었다는 점을 떠올리더라도 그렇다.

적어도 예수 그리스도는 오늘 같은 모습의 기독교인이 아니었을 것이며, 부처도 오늘날의 불교와는 다른 생각을 설파했을 것 같다. 어떤 사상이라고 안 그럴까?

톨스토이가 너무 과격한 목소리로 비난해서 그렇지 어쨌든 '그리스도로 돌아가라'는 슬로건은 언제 어느 시대에나 옳게 느껴진다. 이처럼 종교적인 톨스토이도 소설의 한 귀퉁이에 다음과 같은 말을 남기고 있다. 저 멀리 있는 신보다 먼저 자신을, 자신 안에 있는 신을 들여다보라는 말로 들린다.

"종교는 그렇게 많이 있지만, 그러나 영혼은 하나뿐이오. 당신에게도 나에게도 저 사람에게도. 무슨 뜻이냐 하면, 우리들 각자가 자기의 영혼을 믿는다면, 우리들은 모두 결합될 것이란 말이오. 그러니 각자 자기 자신을 믿으시오. 그러면 우리들 모두가 하나로 될 것이오."

31. 톨스토이의 '죄와 벌'

네흘류도프가 도달한 결론은, 죄수들, 즉 범죄자들이란 것이 다섯 부류로 구분될 수 있다는 것이었다. 그 중 첫 번째 부류는 전혀 죄가 없는 사람들, 즉 재판상의 오류에 의해서 희생된 사람들 (…) 두 번째 부류는 특수한 사정, 즉 예를 들어 말하면 만취해 있었다든가 욕정, 질투 같은 것에 의해 저질러진 범죄 때문에 유죄를 선고받은 사람들로 이루어져 있었는데, 그러한 범죄는 그들을 재판하는 자리에 앉아 있는 사람이나 형벌을 부과하는 사람들 자신도 그와 같은 사정에 놓이게 되면 틀림없이 저지르게 되는 죄였다.

《부활》의 핵심을 이루는 톨스토이의 형법론은 법과 그 집행 기관인 법원, 형무소가 '필요 없다'는 것으로 요약된다. 신에 대한 믿음과 사랑만이 세상을 올바로 이끌 수 있다는 게 그 이유다. 법원, 형무소가 필요 없다는 주인공 네흘류도프 주장 의 또 다른 요지는 '죄인은 없다'는 것. 죄수와 변호사, 형무소

소장들과의 대화를 통해, 또 수감자 명단을 보고 네흘류도프가 도달한 결론은 형법에서 죄인으로 분류된 사람들 중 진정한 죄인은 하나도 없다는 것이다.

그는 여기서 더 나아간다. 《부활》의 맨 앞에 인용한 성경 구절, '죄 없는 자가 먼저 돌을 던져라'란 말이 그의 형법론을 대변한다. 말하자면 우리 모두가 크든 작든 죄인이며, 누구도 타인을 단죄할 자격이나 권위를 갖고 있지 않다는 것이다.

왜, 그리고 무슨 권리에 의해서 일부 사람들이 다른 사람들을 감금하고, 고문하고, 유형시키고, 태형에 처하고, 또한 죽이기도 하는가? 그들이 고문하고 태형에 처하고 죽이기도 하는 사람들보다 그들 자신이 훨씬 훌륭한 것은 아니잖는가?

이에 대하여 과학은 여러 가지 고찰로써 답한다. 이를테면 인간은 의지의 자유를 가지고 있는가, 가지고 있지 않은가? 두개골을 측정하는 따위의 방법으로 범죄의 성향이 검출될 수 있는가? 범죄에 있어서 유전은 어떤 역할을 하고 있는가? 선천적인 타락 같은 것이 과연 존재하는가? 도덕이란 무엇인가? 정신 이상이란 무엇인가? 퇴화란 무엇인가? 기질이란 무엇인가? 기후, 음식, 무지, 모방, 최면술, 욕정 등은 또 범죄에 어떤 영향을 미치는 것인가? 사회란 무엇인가? 그 의무란 무엇인가? 등등.

19세기 후반, 인간의 범죄와 도덕, 자유의지, 본성, 유전 등에 관한 과학과 철학적 논의의 수준을 가늠해 볼 수 있는 문장으로 읽혀 흥미롭다. 인간의 죄와 관련한 물음은 여러 사상가와 철학자들이 다루어 왔고 또한 영화나 소설들에도 단골로 다뤄졌다. 독일 표현주의 영화를 대표하는 작품이자 독일 최초의 발성 영화인 프리츠 랑 감독의 1931년 작 〈M〉은 아이들을 유괴해 살해하다 체포된 범인의 재판 장면을 끝 부분에 삽입했다. 격렬하게 사형을 요구하는 사람들에 대해 변호인과 판관은 즉각적인 사형을 유보하고 범인을 재판정으로 보낸다. 범인의 행위가 죄인지 병인지를 가리겠다는 것이다. 오늘날 사형폐지 논의의 한 원형을 보는 것 같다.

탁월한 SF 작가 필립 K. 딕의 소설을 영화로 만든 〈마이너리티 리포트〉는 인간의 '죄와 벌'에 대한 흥미로운 상상을 펼친다. 영화에 묘사된 미래 사회에는, 범죄가 일어나기도 전에 사람의 유전자로 범죄를 예측하여 (아직 범죄를 저지르지도 않은)범죄자를 미리 체포하고 감금해 벌주는 시스템이 작동하는 사회다. SF의 상상력이 그려낸 이런 미래 사회는 완벽하게 안전한 사회일까? 도덕적으로 문제가 없는 사회일까?

라이벌 도스토옙스키에게처럼 톨스토이에게도 '죄'와 '법'은 중요한 문제였다. 일만 열심히 하다 불치병에 걸려 사망한 '이반 일리치'는 예심 판사였고《부활》뒤에 쓰인 희곡 〈산송장)도 법의 문제를 다룬다.《부활》은 당대 사회나 교회는 물론 사법제도에 대해 대대적 비판을 가하고 있다. 1845년경, 젊은 톨스토이가 카잔 대학에서 잠시 법학을 전공한 사실도 떠올릴 수 있으리라. 그런가 하면 젊은 날 유럽을 여행하는 중에 프랑스 파리에서 단두대에 사형이 집행되는 장면을 직접 목격한 것이 톨스토이에게 상당한 충격을 주었다는 기록도 있다. 법의 길을 가지 않았지만 톨스토이에게 법은 늘 중요한 고민거리였다. 그래서일까, 소설《부활》은 법학 분야에서도 흥미롭게 다뤄지는 텍스트가 된 모양이다.

실제의 사건을 소재로 하여 쓴 이 작품은 당시 러시아의 형사사법제도의 안내서로도 가치가 높다. 송사와 재판 장면, 감옥의 실태 등 당시 러시아의 법적 상황을 실감나게 전해준다. 한 마디로《부활》은 전제적 경찰국가 러시아의 법적 제도, 즉 지주와 부르주아의 계급적 이익을 지키는 관료적 기구에 대한 철저한 폭로와 고발이다. (…) 불멸의 명작《부활》을 위시하여〈산송장〉, 단편〈이반 일리치의 죽음〉등의 작품에 나타난 톨스토이의 법사상은 한 마디로 말해서 제도법 무용론이다. 제도법에 대한 톨스토이의 회의는 신의 자비와 사랑에 의존함으로써 인간능력의 한계를 극복할 수 있다는 주장으로 나타난다.

– 안경환,《법과 문학 사이》에서

톨스토이는 사람과 사람 사이의 온갖 관계를 그들 사이의 사랑의 공동체로 승화될 때 비로소 의미가 있는 것이라고 전제하였으므로, 모든 법생활의 존재의 근거를 부정한 것은 또한 당연한 일이다. 그는 그리스도적 무정부주의에 철저하였으며 법을 완전히 부인하였다.

― 장경학, 《법률과 문학》에서

나아가 톨스토이는, 타인의 죄를 심판하고 판결을 내리는 재판관들의 능력과 도덕에 잔뜩 의구심을 표한다. 프랑스의 풍자 작가 라블레를 인용하였다고 밝힌 다음 일화는 법이 말하는 정의, 공평한 재판이라는 것이 기껏 주사위를 던져 판결하는 수준밖에 되지 않는다는 불신과 냉소를 담고 있다.

어떤 법률가가 소송 때문에 찾아간 사람들에게 각종 법률을 들춰가면서 아무 의미도 없는 법률 용어를 20페이지나 읽어준 뒤, 그 다투는 사람들더러 주사위를 던지라고 했다. (…) 짝수가 나오면 원고가 이기는 것이고, 홀수가 나오면 피고가 이기는 것이라고 했다. 그와 똑같은 일이 이번 사건에서도 일어난 것이다.

최근 많은 사람들이 납득하기 어려워하는 어떤 판결을 다룬 기사에 '판사들을 빨리 인공지능으로 바꿔라'라는 댓글을 보았다. 실제로 법조인이나 의사 같은 직업을 인공지능으로 대체될 1순위 직업으로 꼽는 예측도 책에서 읽었다. 가까운 시일 안에 인간이 재판의 판결을 내리거나 외과수술을 하는 일이 불법이 되는 세상이 올 거라는 예측도 있다. 어처구니없는 의료 사고와 책임을 지지 않는 의사, 의료기관에 관한 기사를 보면 그럴 법하다는 생각도 든다. 물론 그런 세상이 쉽게 오지도 않을 것이며 인공지능으로 대체된다 해도 공정한 세상을 기대하기는 쉽지 않다. 어떤 인공지능 기술이 어떤 이들(기업, 권력) 손에 어떻게 활용되는가에 따라 인류는 끔찍한 재앙을 맞을 수도 있다. 빌 게이츠가 인공지능을 일컬어 '악마를 소환하는 일'이라 말한 것도 이런 맥락에서일 거다.

'범죄자란 없다'는 생각이나 제도와 법이 필요 없단 주장이 이토록 복잡하게 얽힌 사회에서 가능한 얘기인지는 모르겠다. 톨스토이가 우리 시대에 살았더라도 똑같은 주장을 펼 수 있을까. 그의 사상에 전적으로 동의할 수 없다 하더라도 법이 늘 공정하게 작동하는지, 법에 대한 맹신과 과용이 바람직한지, 법이 남용되는 사회가 좋은 사회인지 등은 심각하게 고민해 볼 문제들이다. 그의 말대로 법보다 사랑과 믿음으로 움직이는 사회가 훨씬 좋은 것임엔 틀림없겠지만.

LEV TOLSTOY

레 프 톨 스 토 이

다시,
어떻게 살 것인가?

Put Zhizni

인생이란 무엇인가

32. 분노가 너를 망칠 것이다

분노가 다른 사람에게 아무리 해를 끼친다 해도,
그것은 누구보다 분노하고 있는 본인에게 더 해롭다.
분노는 반드시 그것을 불러일으킨 상대의 행위 이상으로
유해하다.

젊은 날, 톨스토이를 존경해 그에게 편지를 보내기도 했던 마
하트마 간디가 남긴 말로 기억한다. '네가 틀렸다면 화낼 자
격이 없고 네가 맞다면 화낼 이유가 없다'.

어떤 경우에도 화를 낼 이유란 없다는 이 말은 그리 억지스
럽게 들리지 않는다. 가만 둘러보면 주변에 화를 거의 내지 않
는 사람들이 있다. 타고난 성품이 그렇거나 마음을 다스리고
닦은 결과이거나 할 것이다. 우리 시대에 현자가 있다면, 학식
이 높거나 부유한 이보다 이런 사람일 것이라는 생각이 든다.

돌이켜 보면 나도 분노가 많은 사람이었다. 화를 내고 그때
그때 불 같은 분노를 표시하면 그것이 더 멋진 사람의 징표인
줄 알았고, 화가 조금이라도 풀릴 거라고 믿던 때도 있었다. 위

　　　　　　　　　인생이 묻고, 톨스토이가 답하다

문장을 적은 날의 일기에 톨스토이는 이런 말도 함께 적었다.

'사람들이 종종 분노에 사로잡혀 그것을 억제하지 못하는 것은, 분노 속에 일종의 남자다움이 있다고 착각하기 때문이다'라고. 내 속을 들킨 듯하여 얼굴이 화끈거렸다.

멈추지 않고 달려갈 것을 다그치는 '속도'와, 적은 노력으로 최대한 많이 얻을 것을 요구하는 '효율'은 인간을 피폐하게 만든다. 속도와 효율을 무한대로 강요하는 사회는 필연적으로 그만큼의 스트레스를 부여안고 살 것을 강요한다. 조금 천천히 가도 되고, 조금 덜 이익을 보아도 되는데 그렇게 하기가 쉽지 않다. 불치병인 암이며 정신병, 여러 질환의 원인으로 많은 사람들이 공공연히 지목하는 것도 마음의 병, 스트레스 같은 것이다. 분노가 그 누구에게보다 분노한 자신에게 가장 해롭다는 톨스토이의 말은 이렇게 풀이된다. 누구를 위해 그토록 쉼 없이 달리고 무엇을 위해 필요 이상으로 더 많은 것을 얻으려 하는 것일까.

톨스토이는 같은 날 일기의 다음 메모에 일상에서 분노를 다스리는 방법까지 친절하게 제시한다. 로마 시대의 현자로 불리었던 철학자 세네카의 말을 인용해서 말이다.

로마의 철학자 세네카는 분노를 억제하는 가장 좋은 방법은, 분노가 치밀어 오르는 것을 느끼면 아무것도 하지 말고 가만히 있는 것, 걷지도 말고 움직이지도 말고 말도 하지 않는 것이라고 말했다. 또한 몸과 혀를 다스리지 못하면 분노는 점점 더 커질 것이라고 했다. 세네카는 또 화내는 버릇을 없애려면 다른 사람들이 화를 낼 때의 모습을 잘 살펴보는 것이 좋다고 말했다. 그 사람이 화를 내고 있을 때의 모습, 즉 마치 술 취한 사람이나 짐승처럼 붉어진 얼굴, 증오에 찬 추한 표정으로 불쾌한 목소리를 꽥꽥 지르며 더러운 말을 뱉어내는 모습을 보고, 나는 저런 추태를 부리지 않아야겠다고 생각하라고 했다.

이런 글을 읽을 때마다 강렬히 느끼는 것은, 그 말의 진실됨이나 유용함을 떠나 고대 로마시대 같은 먼 옛날에도 사람살이의 조건과 모습이 크게 다르지 않았다는 데서 오는 놀라움이다. 우리보다 덜 복잡하고 모든 것이 더 분명한 시대에 살아서인지 선현들의 말은 더욱 명료하고 간결하다.

10여 년 전쯤 방한하기도 했던 베트남의 성인 틱낫한 스님은 널리 읽힌 저서 《화(Anger)》에서 현대인들은 온갖 '화'에 둘러싸여 있는데, 화 다스리는 법만 알아도 삶을 즐겁고 행복하게 살아갈 수 있을 거라 조언하며 여러 방법을 소개했다.

부처가 전해 주었다는 이 방법들은, 의식적인 호흡, 의식적으로 걷기, 화를 끌어안기, 우리 지각의 본성을 깊이 들여다보기, 타인의 내면을 깊이 들여다보며 그 사람도 많은 고통을 당하고 있고 도움을 필요로 하고 있음을 깨닫는 것 등이다. 내가 숨을 어떻게 들이마시고 내쉬는 것인지, 내 지각이 어떻게 작동하는지, 그런 것들만 가만히 들여다보아도 충분히 화를 다스릴 수 있다는 것이다. 명상은 거창한 것이 아닌 바로 이런 행위들이라고.

오래전 인도를 여행할 때 석가모니가 보리수 나무 아래에서 깨달음을 얻었다고 하는 부다가야 마을에 갔었다. 그곳에서 만나 사나흘을 함께 보낸 스님에게 듣고 오래 기억하는 말이 있다. "불교, 혹은 불교의 명상은 '호흡법'과 다름없다"라던 말씀이다. 로마의 현자 세네카가 한 말과도 상통하는 부분이라 느껴졌다.

누군가를 사랑하는 일만큼이나 누군가를 미워하는 일은 힘겹다. 어쩌면, 우리가 진심으로 분노해야 할 곳이 있다면 보다 본질적인 삶의 영역에서일 거다. 사람들 사이에 불평등과 불화, 무한한 경쟁을 부채질하는 제도와 정치 같은 것 말이다.

한 번뿐인 삶에, 어쩌다 함께 살아가게 된 타인과 사소한 일로 화를 내고 분노하며 '해롭게' 보내는 시간이 아깝다는 생각이 들기 시작했다. '내가 틀렸을 수 있다'고 말하는 사람이 되고 싶다. 나의 실수 가능성, 나의 오류 가능성을 먼저 돌아보는 사람은 틀림없이 덜 실수하는 삶을 살아갈 것이다.

사람들이 서로 증오하면서 말다툼을 하고 있으면, 아이는 누가 옳고 누가 그른지도 모른 채, 진심으로 양쪽을 비난하면서 슬픈 듯이 두 사람한테서 돌아서 버린다. 두 사람 중 어느 누구보다 그 아이가 언제나 옳다.

인생이 묻고, 톨스토이가 답하다

33. 악을 공부하라

> 착한 일을 하기 위해서는 노력이 필요하지만, 악을 행하지
> 않기 위해선 그 이상의 노력이 필요하다.

프랑스의 철학자이자 기호학자 롤랑 바르트는 한 장의 사진 속에는 보는 사람을 '찌르는' 무언가가 있다며 이를 일컬어 '풍크툼(punctum)'이라는 용어로 정의했다. 그가 예로 든 사진들 속에서 그를 '찔렀다'는 부분들을 보면 갸우뚱한 부분이 적잖은데 이는 그 '찌르는' 것들이 보는 사람마다 모두 제각각이며 주관적임을 말하는 것이기도 하다.

의도치 않게 우리의 눈과 귀, 감각을 향해 무시로 달려드는 '찌르는' 것들이 너무도 많은 사회에 우리는 살고 있다. 그런 가운데 우리를 잠시 머뭇거리게 하는 책의 글귀나 영화 속 대사 등은 하나의 '문장의 풍크툼'이 되어 이따금 우리를 '찌른다'.

위에 인용한 말은 내가 톨스토이의 말 중 가장 깊이 새겨들

은 말이다. 책상 앞에 적어 놓거나 정성스레 글씨로 써 액자에 담아 걸어 두고 날마다 새기고픈 말이다.

사실 이 언명은 톨스토이 당대보다 우리 시대, 또 앞으로의 시대에 더욱 절실한 말이 될 것이다. 도덕적 잣대나 판단 기준이 지금보다 단순했을 과거에도 충분히 새길 만한 말이겠지만, 너무도 복잡해진 오늘 우리 삶에 더 절절하게 다가온다. 사람과 사람 사이는 물론, 인간과 다른 생물, 심지어 인간과 무기물, 인간과 지구의 관계로까지 확장되어 우리의 판단과 선택에 어려운 시험 문제를 던져 주는 언명이다. 열심히 노력해 공부하지 않고는 언제든 의도치 않게 부도덕한 존재가 돼버릴 수도 있다.

애완견의 입에 마개를 물리는 것이 옳은가, 그러지 않는 것이 옳은가? 미래는 막막한데 그래도 결혼을 하는 것이 옳은가, 하지 않는 게 옳은가? 인공지능을 적극 개발하는 것이 옳은가, 그렇게 하지 않는 것이 옳은가? 모두 비슷해 보이는 정치인들을 보면 투표할 맛이 나지 않는데, 그래도 투표에 참가하는 것이 옳은가. 그렇다면 어떤 정당에 표를 던져줘야 옳은가? 나아가 우리 땅에 난민, 그중에서도 이슬람계 난민을 받아들이는 게 옳은가 아닌가?

이런 문제들은 지금 우리 사회에 격렬한 찬반양론을 불러일으키며 극심한 갈등을 야기하고 있다. 어디 이런 거시적 문제들뿐인가? 꼰대나 마초가 되지 않기 위해, 시대착오적인 사람이 되지 않기 위해, 또 거짓 뉴스에 현혹되지 않기 위해 우리가 공부해야 할 것들은 너무도 많다. 선을 행하기 위해서가 아니다. 나도 모르게 저지를 수 있는 악행을 피하기 위해서다.

이 구절을 곰곰이 새기며 언젠가 음식, 혹은 식생활의 윤리에 관한 책에서 읽은 한 구절이 떠올랐다.

음식 윤리가 우리 문화에서는 그토록 무시되고 있기에, 다른 면에서는 도덕적으로 흠잡을 데 없는 사람들이 먹을거리 선택만큼은 비윤리적일 가능성은 충분하다. 그것은 그들의 주의 부족 때문, 또는 올바른 선택에 필요한 정보 부족 때문이다.

- 피터 싱어, 짐 메이슨, 《죽음의 밥상》에서

우리가 시장과 마트에서 집어 드는 콩 한 쪽, 고기 한 덩이, 생선 한 토막에도 우주가 담겨 있어 그 산물들이 어디서 왔는지, 어떻게 만들어졌는지를 판단해야 한다고 인용한 글은 말해 준다. 그 안에도 기후변화와 공장식 축산의 문제, 또 우리가 모르는 도덕의 문제가 깊숙이 내재해 있다는 것이다. 사소해 보이는 물건 하나 고르거나 배제하는 데에도 이처럼 첨예한 도덕의 문제가 작동한다니!

세상에는 이토록 많은 지식이 존재하는데 그 지식이 매 시간, 매 초마다 수십 배씩 증식하고 있어 우리가 그 지식의 일부라도 쫓아가는 것이 가능할까 싶다. 창조주라도 오늘날 세상을 관통하는 지식을 모두 통찰하고 계실지 궁금하다. 어쩌자고 우리는 이 만만치 않은 시대에 지구별에 도착해, 지금 함께 부딪치며 살아가고 있는 것인가.

34. 가난함과 부유함

> 가난을 두려워하지 말고,
> 부를 두려워하라

톨스토이가 아니고서야 누가 이런 말을 스스럼없이 던질 수 있을까. 가난을 두려워 말라니. 오히려 부유하게 사는 것을 두려워하라니. 가난에 힘겨워하는 사람이라면 '부를 누려나 봤으면 좋겠다'는 냉소부터 보낼 테고, 어느 정도 부를 누리는 사람이라도 '나는 아직 충분히 부유하지 않은데?' 하며 반문할지 모르겠다. 자신이 충분히 부자라고 생각하는 사람이 대체 얼마나 될까?

톨스토이와 그의 신분에 대해 조금이라도 아는 사람이라면 이러한 냉소는 비난으로 바뀔지 모른다. 넓디넓은 토지를 상속받은 지방 대지주의 아들로 태어나 평생 부족함 없이 그 영지를 떠나지 않고 살아온 그이기에 이런 냉소와 비난은 틀린 말도 아니다. 설령 톨스토이가 실제로 지고한 도덕적인 삶을 살았더라도 이런 류의 말은 역시 버겁다. '오른 뺨을 맞으면

왼쪽 뺨도 내밀라'는 성경 구절이나, '네 몸에 병이 없기를 바라지 말라. 몸에 깃든 병으로 양약을 삼으라'던 불교의 말씀처럼 버겁고 실천하기 어려운 말이다.

그럼에도 불구하고 톨스토이의 말은 배부른 자의 헛소리만은 아니다. 그는 자신의 기득권을 내려놓으려는 많은 노력을 실제로 기울여 왔다. 토지나 농노들은 그렇다 쳐도, 평생 엄청난 부가 약속되었을 《전쟁과 평화》나 《안나 카레니나》를 비롯한 자신의 저작권을 포기하고 민중에게 돌리려 했던 것, 또 스스로 농민들 속에 끼어 노동하는 삶을 실천하려 했던 그의 노력을 폄하할 순 없다.

다행인 것은 '가난은 떳떳한 것이고 부는 수치스러운 것이다'라는 식으로 그가 말하지 않았다는 점이다. 두려워하라는 것. 삼가고 조심하라는 것. 그런 마음을 유념하여 살아가라는 것. 가난하다고 주눅 들거나 움츠러들지 말 것이며 부유하다고 오만하지 말라는 것. 가난하다고 불행한 것이 아니며 부유하다고 행복하기만 한 것은 아니라는 것. 그런 말이 아니던가. 그렇게 읽으니 그닥 부담스럽거나 이상한 말도 아니다.

성공과 명예, 부를 동시에 거머쥐었지만 췌장암이라는 불치병으로 죽음의 문턱에 서게 된 스티브 잡스의 유언은 '부'에 대한 절절한 충고를 들려 준다. '생을 유지할 적당한 부를

쌓았다면 그 이후 우리는 부와 무관한 것을 추구해야 한다'
고 그는 생명연장 장치의 소음을 들으며 말했다. 소홀했던 사
람과의 관계든, 예술이든, 잊고 산 꿈 같은 것을 추구하라고
말이다. 타인의 눈에 성공의 상징으로 보인 그의 비즈니스와
'부'는 결코 그에게 행복을 가져다주지 않았다고 스티브 잡스
는 고백한다. 톨스토이의 이 말을 곱씹다가 뜻밖에도 다음과
같은 말을 기억해 냈다.

　나라에 도가 있으면 빈천이 수치요, 나라에 도가 없으면 부귀가
　수치이다.

　신영복 선생이 《강의》에도 인용한 《논어》의 한 구절이다.
나라에 도가 없을 때엔 벼슬에도 나가지 말라던 말에 이어지
는 이 말은, 나라의 도덕과 개인의 도덕을 동시에 언급한다.
나라가 어지럽고 혼란스러울 때 부를 늘리고 누릴 수 있는 사
람은 부패한 정치인이나 부도덕한 사업가들, 아무튼 정직하
지 못한 사람일 것이다. 일제 식민지 시대에 부와 명예를 누
린 이들 중 많은 사람이 친일파로 불리지 않던가.
　그런데 《논어》의 말에서 곰곰 되씹어지는 부분은 앞의 구
절이다. '나라에 도가 있으면 빈천이 수치'라는 구절. 나라
가 정의롭고 공평하게 작동하고 있을 때에도 여전히 가난하

고 비천하다면 그것을 부끄러워해야 한다는 말. 절묘한 가르침이다. 다만 그런 사회를 우리 사는 동안에 만날 수 있을까 하는 절망감은 뒤따른다. 그런 나라가, 토머스 모어의 '유토피아'나, 제임스 힐튼이 소설 《잃어버린 지평선》에서 언급한 '샹그릴라' 같은 곳이 존재할 수 있으려나.

가난을 두려워 말고 부를 두려워하라. 깊이 마음에 새겨 두고 싶은 말인데, 다만 지금은 조금만 더 넉넉하게, 약간만 더 사는 게 여유로웠으면 싶을 뿐이다.

인생이 묻고, 톨스토이가 답하다

35. 공부를 얼마나 해야 할까?

> 그리 중요치 않은 평범한 것을 많이 알기보다는
> 참으로 좋고 필요한 것을 조금 아는 것이 더 낫다.

어느 구청에서 개설한 문화 강좌에 갔다가 자기소개를 하는 첫 자리에서 나이 지긋한 노인 한 분이 하신 말씀이 떠오른다. 어릴 적엔 공부라면 어떻게든 피해 도망가기 바빴는데 이제 와선 하나라도 더 배우고 싶어 안달이 났다고. 유명인들의 최후 장면과 죽음 직전에 내뱉은 말과 문장을 채집해 기록한 미셸 슈나이더의《죽음을 그리다》에서 가장 인상 깊었던 생의 마지막 문장은 작곡가 보후슬라프 마르티누가 숨이 넘어가기 직전에 남겼다는 글 '날 가장 슬프게 하는 건, 더 이상 배울 수 없다는 점이다!'였다. 도대체 무엇이 인생의 시간이 얼마 남지 않은 사람들에게 배움을 향한 갈망을 불러일으키는가?

　공부는 좋은 것이긴 하되, 그렇다고 모든 공부가 전적으로 칭송의 대상이 되는 건 아니다. 그릇된 공부란 것도 틀림없이 있어 늘 긴장하고 조심해야 한다. 공부가, 더 많은 지식의 습득이 우리 모두를 지혜로운 길로 인도해 주지도 않는다. 헤르만 헤세나 파울로 코엘료 같은 작가도 자신의 작품 속에 책보다는 길 위의 꽃이나 대기를 느낄 것을 강조했고, 너무 많은 공부에 대한 위험도 경계했다.

스님은 지나칠 정도로 구도의 길을 걷고 있는 것은 아닐까요? 구도 행위에 너무 매달린 나머지 깨달음에 이르지 못하는 것은 아닌지요? (…) 누군가 구도를 할 경우에는 그 사람의 눈은 오로지 자기가 구하는 것만을 보게 되어 아무것도 찾아낼 수 없으며 자기 내면에 아무것도 받아들일 수가 없는 결과가 생기기 쉽지요.

— 헤르만 헤세, 《싯다르타》에서

내게는 사진의 길을 가르쳐 준 선생님이 두 분 계시다. 그런데 두 선생님의 말씀이 완전히 달랐다. 한 선생님은 어떤 현장을 사진에 담기 위해 사전 준비와 공부를 꼼꼼히 해 둘 것을 조언한 반면, 다른 선생님은 촬영 전에 일체의 공부를 하지 말고 아무런 편견 없이 현장과 맞닥뜨릴 것을 조언하셨다. 충분한 공부를 강조하건 직관의 힘을 강조하건, 나름 당신들만의 방법으로 한 세계를 구축해 온 분들이다.

인생이 묻고, 톨스토이가 답하다

가슴에 새겨 두면 좋을 문장과 잠언을 소개하는 글과 책을 몇 권 써 왔다. 그러나 좋은 문장을 옮겨 놓는 나의 메모와 노트는 그리 두껍지 않다. 너무 많은 문장과 잠언들, 다 장악하지 못할 정도로 많은 아포리즘은 내 것으로 소화하기 버거웠다. 몇몇 중요한, 참으로 '좋고 필요한' 것들만 잊지 않고 새겨 두는 게 차라리 나았다. 삶을 지혜롭게 이끌고 갈 잠언이나 문장은 어쩌면 그리 많지 않을 것이다.

톨스토이는 평생에 걸쳐 공부를 꽤 많이 하셨던 것 같다. 동서양 현자들의 말을 빼곡히 옮겨 적고 자신의 사유를 펼쳐 간 말년의 명상집《인생이란 무엇인가》의 내용을 봐도 그렇다. 성경이나 고대 철학, 근대 철학의 저작들은 물론 동양 고전들에까지 호기심은 뻗어나갔다. 그러면서도 늘 너무 많은 공부를 경계했다. 무엇이 더 중요하고 당장 해야 하는 일인지를 명쾌히 하려 했다.

중요한 것들과 그렇지 않은 것들에 대한 선택과 집중, 먼저할 것들과 나중에 천천히 해 둘 것들에 대한 안배가 필요하다. 공부를 많이 하고 싶다. 그런데 또 너무 많이 하고 싶지는 않다. 적당히, 필요한 만큼만 하고 싶다. 그런데 얼마나 해야 적당하단 말인가?

내가 살아온 삶에 대한 답을 얻는 정도만? 살아가는 단 한 번의 인생과 그 의미를 알기 위해, 몇 번의 인생이 더 필요할지 모르겠다. 영원히 모른 채 삶이 소진되더라도 오늘 인생의 의미를 다시 묻는다. 적어도 이 한 생에 서재에 사둔 책들만큼은 다 읽고 싶다. 물론, 오늘도 새로운 책 몇 권을 더 주문하긴 할 테지만.

무엇보다 먼저 좋은 책부터 읽어라. 그렇지 않으면 결국 평생 그 책을 읽을 기회를 놓치게 될 것이다.

— 소로의 말, 《인생이란 무엇인가》에서

책을 무턱대고 많이 읽는 것은 두뇌를 산만하게 만들 뿐이다. 그러므로 확실히 양서로 정평이 나 있는 책만 읽도록 하라. 만약 잠시 다른 종류의 책을 접하고 싶은 생각이 나더라도 언젠가는 다시 본래의 독서법으로 돌아가기를 잊지 말라.

— 세네카의 말, 《인생이란 무엇인가》에서

36. 책은 여행을 부르고, 여행은 다시 책을 부른다

> 세 개의 길을 통해 우리는 예지에 도달할 수 있다.
> 첫 번째는 사색의 길로, 이것은 가장 고상한 길이다.
> 두 번째는 모방의 길이며, 이것은 가장 쉬운 길이다.
> 그리고 세 번째는 경험의 길인데 이것이 가장 힘든 길이다.
>
> — 공자의 말, 《인생이란 무엇인가》에서

여행과 독서의 경험을 씨실과 날실로 하여 함께 기워 나간 앞선 책 《여행자의 독서》에 다음과 같이 적었다. "독서는 머리로 떠나는 여행이고, 여행은 몸으로 하는 독서다"라고. 여행과 독서를 함께 즐기며 두 경험의 유사함과 위대한 보완적인 관계를 느끼며 이 구절을 생각해 냈었다.

독서가 없는 경험은 산만하여 흩어지기 쉽고, 경험이 따르지 않는 독서는 핏기 없이 창백한 것이기 쉽다. 골방에 파묻힌 독서보다 길에 핀 꽃을 바라보고 맨발로 모래를 밟아보는 게 훨씬 더 중요하다고 헤르만 헤세나 앙드레 지드, 파울로 코엘료 같은 영적인 작가들은 여러 글에서 강변해 왔다. 물론 여행

없이도 자신의 분야에서 탁월한 업적을 쌓은 사람들도 많다. 일본에 한 번도 가보지 않은 루스 베네딕트가 일본에 관한 깊은 통찰력을 보여 준《국화와 칼》같은 책을 쓴 것이나, 한 번도 그 지역을 여행해 보지 않은 독일 지리학자 리히트호펜이 중국과 서역을 잇는 길을 '실크로드'라 칭한 것을 보면 진리를 얻고 그걸 의미의 그물로 엮어내는 데 여행이 반드시 필요한 것 같지는 않다.

그럼에도 불구하고 여행의 중요성, 필드워크의 중요성은 아무리 강조해도 지나침이 없다. 학식이 높은 학자나 지혜로운 현자들도 여행의 중요함을 누누이 강조해 왔다. 예수의 철학과 종교를 완성한 것은 그 기록이 희미하게 전해지는 광야에서의 시간들이었을 것이다. 부처를 부처이게끔 만든 것도 여행과 고행의 경험일 터다. 여행이 그들을 만든 것이다.

27년이 걸린 베네치아의 상인 마르코 폴로의 동방 여행은 《동방견문록》이라는, 성경 이후 최고의 베스트셀러를 탄생시켰다(결과적으로 서구 제국주의 시대를 연 계기가 되었지만). 이 책은 서양 사람들에게 자신들만이 세상의 전부가 아니며 더 넓고 놀라운 세상이 저 너머에 있음을 깨우쳐 주었다. 신대륙을 발견한 콜럼버스의 손에《동방견문록》이 들려 있었다는 일화는 가볍게 들리지 않는다.

인생이 묻고, 톨스토이가 답하다

마르코 폴로보다 400여 년 앞서 살았던 신라 승려 혜초도 부처가 거쳐 간 성지들을 순례하고 불교가 얼마나 멀리까지 전파되었는지 궁금해 한 발 한 발 내딛다가 멀리 페르시아(현재 이란)로 추측되는 땅까지 짚신과 맨몸으로 닿게 됐고 그 경험을 《왕오천축국전》에 남겼다. 인류학에서 구조주의 철학을 연 레비스트로스 역시 서너 차례의 브라질 여행과 무수한 동방 여행을 통해 《슬픈 열대》와 같은 중요한 현대의 고전을 남겼다. 우연찮게 따라가게 된 북경 사행길에 청나라의 앞선 문물과 낯선 세상에 대한 암시를 가득 안고 온 연암 박지원의 《열하일기》 또한 조선 후기 최고의 베스트셀러가 되었다. 모든 작가와 사상가들이 여행가는 아니었지만, 가장 훌륭한 작가와 사상가들 중에 여행에 소질이 있는 사람들이 많았다.

인류가 만들어 쌓아 온 지식, 그 지식을 차곡차곡 담은 것을 '책'이라 한다면, 그 책이 비롯되어 탄생한 곳은 다시 사람이 사는 땅이다. 그 땅을 이제 머리로만이 아닌 몸으로 부딪치고 직접 새기고 오는 일은 진리에 입체적으로 다가가는 길이다. 책 읽기는 땅 읽기로 이어져야 하고, 땅을 읽은 뒤엔 다시 돌아와 책 속을 여행해야 하리라.

여행의 또 다른 미덕은 그것이 우리 삶을 한 발 떨어져 바라보게 한다는 것이다. 우리의 삶은 대체로 어디든 언제든 복잡하게 얽히기 마련이어서 자칫 목적과 의미를 잃고 부유하기 쉽다. 내가 지금 어디에 있고 어디로 가고 있는지 문득 깨닫기 위해 우리는 잠시 익숙한 삶으로부터 떨어져 나와 낯선 고장, 낯선 경험의 언덕 위에 서 볼 필요가 있다. 경험 없는 독서야말로 무수히 쌓아 놓은 책 속에서 길을 잃기 알맞은 조건이지 않을까.

오늘날 가장 눈에 띄는 현상은, 필요 없는 지식을 산처럼 채워 넣고 자신을 학자나 교양인, 현자라고 생각하고 있는 사람들이, 자기 인생의 의의도 모르면서 오히려 그 모르는 것을 자랑하는, 깊은 미망의 구렁 속에 빠져 있다는 것이다.

어릴 적 농노에게 부친이 살해당하는 것을 지켜보았고, 사형대에 묶여 죽음의 공포를 직접 겪었으며, 시베리아 유형을 경험한 간질병 환자 도스토옙스키는 이 모든 경험을 온몸으로 받아들여 위대한 문학작품들로 승화시켰다. 톨스토이 역시 젊은 날 자원입대한 군대에서 세바스토폴 전투 등을 직접 경험하였고, 절제하지 못한 자신의 방탕과 욕망에 내내 괴로워하였으며, 농부들과 함께 노동하고 그들 삶 속에 들어감으로써 위대한 건강함으로 빛나는 저작들을 세상에 남겼다.

"나를 죽이지 않는 모든 경험들은 나를 키우는 스승이 된다"던 괴테의 말은 단순한 질풍노도 시기의 전언만은 아니다. 그런 말들이 또한 서구에서만 공감된 것도 아니다. 예지에 도달하는 '세 가지 길'을 얘기한 공자님 말씀도 어째 '경험의 길'을 갑으로 치는 것 같다.

37. 겸손함의 힘

> 사람은 겸손할수록 자유롭고 강하다.

글이나 말 속에 '나'라는 인칭을 많이 쓰는 사람을 별로 좋아하지 않는다. 어쩌다 글을 부지런히 써 오다 보니 문장에 '나'란 인칭이 들어가지 않아도 충분히 의미가 전달되고 독해가 된다는 걸 알게 되었다. 아니, '나'가 들어가지 않은 문장이 훨씬 담백하고 '쿨하게' 보였다. 글 속에 은연중에 '나'가 많은 사람의 글에는 과시적인 면이 분명히 어느 정도는 깃들기 마련이다.

문학이나 신화에서 오랫동안 경계의 대상이자 가장 큰 벌을 받을 '나쁜 성정'으로 여겨져 온 성격이 있다. 오만함이다. 그리스 비극이나 셰익스피어의 작품에서 비극적인 결말을 맞는 사람들은 대부분 오만한 사람들이었다. 성공과 출세가 그들의 눈을 멀게 하고 더 큰 욕망을 갖게 하는데, 오만함을 날개 삼아 신(태양)에게 너무 가까이 다가가 버린 욕망의 이카로스들은 결국 참담한 추락을 맛보기 마련이다.

인생이 묻고, 톨스토이가 답하다

누구도 풀지 못했던 스핑크스의 수수께끼를 풀어 공석이던 테베의 왕이 되고 왕비마저 취하게 된 '오이디푸스'는 자신감에 가득 차 있다. 백성들의 무한한 존경과 지지에 고무되고 공명심에 사로잡힌 오이디푸스는 나라를 휩쓴 역병의 원인도 자신이 (스핑크스의 수수께끼처럼)풀 수 있다고 생각하고 그 일에 착수한다. 차츰 밝혀지는 진실에 그 일의 위험을 알아차린 주변 사람들의 만류에도 불구하고 오이디푸스는 수사를 멈추지 않고 계속하는데, 그 결말은 엄청난 재앙이자 그 자신의 몰락을 부른다.

아리스토텔레스가 문예이론의 고전인 《시학》에서 시(비극)의 전범으로 꼽은 소포클레스의 희곡 〈오이디푸스 왕〉에서, 주인공 오이디푸스가 갖고 있는 성격적 결함은 '오만함'이다. 그리스 비극은 인간의 오만함을 경계하여 신 앞에 늘 겸손 할 것을 가르치는 효과적인 '협박 체계'이기도 하다.

셰익스피어의 주인공들도 하나같이 오만하기만 하다. 무어인이라는 인종적 한계를 극복하고 전투에서 승승장구하며 베네치아 공국에서 존경받는 장군의 자리까지 오른 '오셀로'가 자신을 사랑하는 아내 데스데모나를 살해하는 것도 깊은 의처증과 함께하는 오만함이며, 딸들에게 존경심을 강요하는 늙은 '리어 왕'도 성공하여 완고해진 늙은이의 오만함을 표상한다. 마귀들의 꾐에 넘어가 왕위 찬탈의 꿈까지 품게 된 '맥

베스'의 오만함은 말해 무엇하랴.

톨스토이의 라이벌이었던 도스토옙스키의 주인공들 역시
오만함에 관한 한 뒤지지 않는 영웅들이다. 자신의 이성과 계
산으로 세상을 움직일 수 있고 죄를 응징할 수 있다고 믿은
《죄와 벌》의 라스콜리니코프 같은 주인공이 대표적인데, 그
의 오만에 가득찬 계획 역시 비극적인 결과를 맞는다.

근대의 '오만함의 영웅들'을 멸망케 하는 것은 신의 노여움
이나 종교적 징벌 같은 것은 아니지만, 인간적인 차원에서도
'오만함'은 늘 경계할 성격으로 작가와 사상가들은 가르치고
있다. 나폴레옹의 성공에 고무돼 신분 상승의 욕망 속에 자신
을 제어하지 못한 《적과 흑》의 줄리앙 소렐을 기다린 것도 단
두대의 무자비함이다. 아무리 세기를 건너뛰어 세상이 4차
산업혁명과 AI를 논하는 시대에 접어들었다 하더라도 겸손함
과 오만함의 함수는 그다지 바뀔 것 같지 않다.

스스로를 높이는 자는 신에 의해 낮춰지지만 스스로를 낮추는 자
는 신이 그를 높여 주리라.

– 〈탈무드〉의 말, 《인생이란 무엇인가》에서

이상하게도, 지금 우리 교육이나 미디어들은 아이들과 청
소년에게 당당하고 자신감 넘치고 조금도 손해 보지 않으면

서 남에게 지지 않는 성정을 미덕으로 가르치면서, 삼가고 물러서고 겸손할 것은 가르치지 않는 것 같다. 겸손과 양보, 타인과의 공감을 케케묵은 고전의 낡은 도덕으로 치부하는 것 같다. 패자의 굴욕적 태도요 신하와 종의 덕이라 여기는 것 같다. 익명성을 특징으로 하는 도로의 운전 문화나 인터넷 가상세계에 확산되는 혐오와 조롱만 보아도 겸손과 배려가 실종된 사회의 우울한 민낯이 거기 보인다.

《대학》에서 언급되었다는 '신독(愼獨)'이란 말을 좋아한다. '홀로 있을 때에도 스스로 삼갈 줄 안다'는 태도는 결국 타인과의 관계에도 확장되어 겸손할수록 자유롭고 강하다는 톨스토이의 깨달음과도 연결된다. 늘 부끄러워하고 삼가는 마음. 그것은 좋은 감정이다. 내면을 단단하게 키우는 태도다. 내면의 단단함에서 우러나오는 겸손함은 자유롭고 강한 힘이 된다. 분명히 그럴 것이다.

남에게 부끄러워하는 것은 좋은 감정이다. 그러나 자기 자신에게 부끄러워하는 것은 더욱 더 좋은 감정이다.

38. 가족은 무엇이며, 어디서 와서, 어디로 가는가?

> 가족에 대한 사랑은 결국 자기애의 감정이며, 그렇기
> 때문에 부정하고 나쁜 행위의 원인은 될 수 있어도 결코
> 그 변명이 될 수는 없다.

대만의 에드워드 양 감독이 2000년에 연출해 많은 호평을 받은 영화 〈하나 그리고 둘〉을 보고, '아, 소설로 치면 톨스토이의 《안나 카레니나》 같은 영화다!'라는 생각이 들었다. 러닝타임이 세 시간에 이르는 이 영화는 3대가 모여 사는 한 가족의 일상을 중심으로 펼쳐진다. 삼촌의 결혼식으로 시작해 가족의 연장자인 할머니의 장례식으로 끝나는 이 영화는, 예닐곱 명으로 구성된 가족과 그 주변 사람들을 통해 시대의 진지한 벽화를 그려낸다는 점에서, 또 그 벽화가 매우 섬세하고 장엄하며 개연적이라는 점에서 《안나 카레니나》를 떠올리게 하는 면이 있었다.

실은 모든 영화가 본질적으로 가족 영화가 아닐까 생각한다. 가족의 문제가 조금이라도 깃들지 않은 영화는 어째 발을

땅에 딛지 못한 영화처럼 보인다. SF나 호러, 스릴러에도 그 바탕에 가족 문제를 깔고 있는 영화들은 더욱 범상치 않게 느껴진다.

외계인의 언어를 해석하고자 차출된 여성 언어학자가 주인공인 〈컨택트〉의 주요 모티브도 딸의 죽음과 그에 대한 추억이며, 가족에게 헌신하는 갱 조직의 수장 로버트 드 니로와 가족에게 소홀한 형사 알 파치노를 대립해 보여 주던 〈히트〉 같은 액션 영화가 감동을 주는 것도 가족을 중요한 축으로 삼았기 때문이다. 하긴 갱스터 무비의 위대한 고전인 〈대부〉 시리즈도 (중의적인 의미에서) '패밀리'들의 이야기이지 않던가.

전 세계적인 불황으로 인해 우리네 삶이 더 팍팍해져서 일까, 최근에도 가족의 해체나 몰락, 가족의 의미를 묻는 영화들이 부쩍 눈에 띤다. 2018년 칸 영화제 황금종려상을 받은 고레에다 히로카즈 감독의 〈만비키 가족〉(국내 개봉명 〈어느 가족〉)은, 한 가족인 줄로만 알았던 이상한 가족의 정체가 밝혀지며 전통적인 가족의 의미를 묻게 되는 영화다.

톨스토이 역시 가족의 문제를 벗어나지 않는다. 벗어날 수 없다고 해야 할까. 그의 가장 유명한 문장이기도 한 《안나 카레니나》의 첫 구절부터가 가족에 대한 깊은 통찰력을 보여 준다. 그러나 그가 가족을 긍정적인 눈으로 바라본 것은 아니다. 《크로이체르 소나타》나 《이반 일리치의 죽음》에 묘사된 가족은 행복과 사랑의 보금자리가 아닌, 고통과 갈등을 주는 원천으로도 보인다.

이창동 감독이 연출한 영화 〈시〉의 마지막 부분이다. 아파트 입구에 멈춰 선 경찰차에서 몇 명의 경찰이 아파트로 들어서더니 잠시 뒤 중학생쯤의 아이를 데리고 나온다. 손자가 잡혀갈 때 할머니는 배드민턴을 치며 외면한다. 얼마 전까지 맛있게 밥을 먹는 모습을 지켜보며 '자식 입에 밥 들어가는 거 보는 게 가장 좋다'라고 했던, 그 손자가 성범죄를 저지른 걸 알고 할머니는 갈등 끝에 손자를 경찰에 넘긴 것이다. 봉준호 감독의 영화 〈마더〉 역시 비틀어진 가족의 문제를 다룬다. 시쳇말로 '좀 모자란' 아들이 동네에서 일어난 살인 사건의 진범인 걸 알아챈 엄마가 아들의 죄를 덮어 버리기 위해 어떠한 짓도 서슴지 않는 얘기가 그 내용이었던 걸로 기억한다.

자신의 나쁜 행위를 변명하기 위해 가장 자주 이용되는 그릇된 구실은 가족의 행복을 위해서라는 구실이다. 인색, 뇌물, 노동자의 탄압, 부정한 상술, 이러한 것들은 모두 가족에 대한 사랑이라는 이름으로 합리화되고 있다.

무엇이 옳은가? 가족은 도덕의 요람인가, 고통의 근원인가.

가족이 반드시 선하고 행복한 공간만은 아니라는 사실이 어떤 이들에겐 충격으로 다가올지도 모른다. 그렇다면 가족이란 무엇일까? 가족은 인류가 원시사회 이래 변함없는 형태로 지속되어 온 불변의 제도인가? 아버지는 늘 권위의 존재로 바깥에 나가 먹거리를 구해 오고, 어머니는 늘 희생적인 존재로 집안에서 아이들을 보살피고 키우는 존재인가? 가족은 정말 든든한 울타리인가? 가족의 사랑은 절대적인 선일까? 그렇게 모이고 작동되어야 가족이라 불릴 수 있을까?

오늘 우리 사회가 도달한 가족의 자화상을 보면 가족이란 개념이 그 짧은 기간에 엄청나게 바뀌어 있다는 것을 알 수 있다. 1인 가족의 비율이 1980년대 초에 비해 다섯 배 이상으로 늘었으며, 삼대가 함께 사는 가족의 비율은 반대로 급격히 줄어들었다 한다. 함께 사는 가족이라도 돈벌이와 공부 등에 뿔뿔이 흩어져 함께 따뜻한 밥을 나눌 시간조차 갖기 어려운 세상이 되었다.

톨스토이가 살았던 19세기 러시아와 지금 우리 사회에서의 가족은 전혀 다른 사람들의 집합인 것만 같다. 가족은 그렇듯 고정되어 불변하는 개념이 아닐 것이다. 가족은 무엇이며 지금 어디로 가고 있는가?

39. 인생은 지나간다

> 우리는 이 세상에 살고 있는 것이 아니라
> 이 세상을 지나가고 있다는 사실을 기억하라.

정말 보고 싶은 조형물이 있다. 건축가 승효상 선생이 어디선가 소개한 바 있는, 1986년 독일 하르부르크라는 도시의 작은 광장에 세워진 기념탑이다. 그런데 지금은 이 기념탑을 볼 수가 없다. 지진이나 충격에 파괴되어서? 누군가가 철거해서? 아니다. 이 탑은 처음 세워질 때부터 지상에서 사라질 것을 계획하고 만들어졌다. 매년 2미터씩 땅 속으로 꺼져 들어가도록 설계된 것이다.

조각가 요한 게르츠와 에스터 샬레브 게르츠가 공동으로 만든 이 탑은 나치에 대한 저항의 의미로 시민들이 탑에 자신의 이름과 기억을 기록했다. 1993년 마침내 땅 속으로 완전히 사라져 버린 이 탑에 대한 이야기를 읽고 충격에 가까운 감동을 느꼈다. 사라지는 예술이라니. 누구나, 무언가를 이 비좁은 지구별에 또박또박 새기거나 남겨 두고 가려는 마당에 흔적조차 남기지 않고 사라지는 예술작품이라니. 이야말로 우리의 인생을 은유하고 있잖은가. 지난해 소더비 경매에서 최고가로 낙찰되자마자 자동으로 작품을 분쇄해 버린, 얼굴 없는 그래피티 화가 뱅크시의 작품은 또 어떤가?

세상의 주인은 어쨌거나 '지금, 이곳'을 살아가는 사람들이다. 과거에 아무리 위대한 왕, 철학자, 예술가, 민족과 대제국이 흥성했다 해도 그들은 더 이상 세상에 존재하지 않는다. 그들이 살다 갔다는 풍문만이 남아 떠돈다. '지금, 이곳'을 살아가는 우리가 이 세상, 지구별의 주인이다.

그러나 '지금, 이곳'을 사는 우리도 영원한 주인이 아니다. 세상의 영원한 주인, 영원한 거주자란 없어서 우리도 곧 이 지구별을 누군가에게 물려주고 황황히 자리를 비워 줘야 할 시간이 올 것이다.

그런데 우리는 누군가가 기억하는 희미한 존재라도 될 수 있을까? 떠도는 풍문으로라도 남을 수 있을까? 프랑스 소설가 마르그리트 뒤라스는 다가오는 죽음에 대해 '내가 아무것도 아닌 것이 되리라는 사실과 화해할 수 없다'고 절망했다. 완벽한 무(無)로 돌아가는 세계, 그것이 죽음 뒤의 세계일까?

톨스토이의 한참 후배이자, 스탈린 치하의 엄혹한 현실에서 러시아 문학의 명맥을 이어 온 작가 보리스 파스테르나크가 의사 '지바고'가 썼다고 하며 소설 말미에 인용한 시에 이런 구절이 등장한다.

눈은 길을 덮고 / 비스듬한 지붕에 솜이불처럼 쌓인다 / 내가 다리를 뻗어 걸어가면 / 그대는 문밖에 서 있다 / (…)
그러나 이 모든 세월이 다 흐른 후에 / 우리는 세상에 없고 / 오직 소문만이 떠돌고 있을 때 / 우리는 어디서 온 누구란 말인가?

— 보리스 파스테르나크, 《닥터 지바고》의 지바고가 쓴 시 〈해후〉에서

우리가 왜 '지금, 이곳'에 던져지게 되었는지 철학과 학문은 누천년 질문하고 고민했지만 결국 누구도 속 시원히 밝혀 내지 못하였다. 그 대답을 신에게서 찾는 것은 손쉬운 방법일 터다. '세상은 인간 없이 시작되었고 인간 없이 끝날 것'이라는 통찰도 '지나가는 존재'로서의 우리 정체성을 묻는다.

유발 하라리의 《사피엔스》를 비롯한 여러 인류학 책들은 거기에 어떤 의미도 배제한 채, 지구의 나이는 46억 년이 되었고 생명은 단백질의 합성으로 우연히 탄생했으며 현생 인류인 호모 사피엔스는 진화의 마지막 단계에 등장해 매우 이기적이며 공격적인 기질로 지금 이 지구별의 멸망을 재촉하는 존재로 살아가고 있다고 진단을 내린다. 그래도 다시 간절히 묻고 싶다, 우리는 어디서 온 누구란 말인가?

존재의 의미는 끝내 알 수 없다 하더라도, 어떻게 살 것인가에 대한 질문까지 의미가 없지는 않을 것이다. 우리가 영원한 지구의 주인이 아니란 걸 깨닫는 것, 그래서 우리가 잠시 사용한 방처럼, 우리가 사용한 공공장소처럼 깨끗이 써야 한다는 걸 깨닫는 것, 그런 자각이 필요하다. 그걸 깨닫는다면 이 지구를 함부로 사용할 수 없을 것이다. 우리는 한정된 자원을 마구잡이로 고갈시켰고, 수만 수억 년을 공존해 온 동식물들을 멸종시켰으며, 지구를 감싸고 있는 조화로운 기후까지 변화시켰다. 먼 훗날까지 지구가 지속된다면 여기 20세기부터 21세기를 살다 간 인류는 얼마나 큰 비난과 원망을 받게 될 것인가? 지구와 자연은 후손에게 빌려 쓰는 것이라는 말이 설득력을 갖는다. 세상의 주인은 '지금, 이곳'을 살아가는 사람들이라 했지만 결국 그 말은 수정돼야 할 것이다. 세상의 주인은 '언젠가, 이곳'에 와 살아갈 사람들이라고.

일종의 일기장이자 동서양의 보석 같은 지혜를 옮겨 적은 명상노트인 《인생이란 무엇인가》에서 톨스토이는 우리가 '지나가는 존재'임을 일깨우며 《탈무드》의 유명한 구절을 인용해 적고 있다.

사람은 태어날 때는 세상이 모두 내 것이라는 듯 주먹을 쥐고 있

지만, 세상을 떠날 때는 '보아라, 이렇게 빈손으로 가지 않느냐?'
고 하듯이 손바닥을 편다.

— 《탈무드》의 말, 《인생이란 무엇인가》에서

　《인생이란 무엇인가》의 마지막 일기, 즉 12월 31일의 일기
는 '시간'에 대한 화두에 바치고 있다. '시간'에 대해 《탈무드》
며 아우렐리우스, 파스칼 등의 말을 인용하는데 그 인용문들
은 '시간이란 없다'란 명제로 요약된다.

　시간이란 건 없으며 오직 무한히 작은 현재만 있을 뿐이고
그 현재 속에 인간의 삶이 있다는 것이다. '살아라, 오늘이 마
지막 날인 것처럼'이라 읊는 시를 떠올리며, '오늘(present)은
선물(present)'이라고 해석하는 긍정으로 오늘, 지금을 살아간
다. 오늘도 우리는 그렇게 지나간다.

　지금 당장 이 세상에 작별을 고하지 않으면 안 되는 것처럼, 남겨
진 시간을 뜻밖의 선물로 생각하고 살아라.

— 마르쿠스 아우렐리우스의 말, 《인생이란 무엇인가》에서

40. 학자, 교양인, 현자, 그리고 인공지능

> 학자란 책을 읽어 많은 것을 알고 있는 사람을 말한다.
> 교양인이란 그 시대에 가장 널리 보급되어 있는 지식과
> 풍속, 관습을 완전히 터득한 사람을 말한다. 현자란 인생의
> 의미를 이해하고 있는 사람을 말한다.

텔레비전이나 수많은 매체를 통해 양질의 지식과 깊이 있는 생각들을 쉽게 접할 수 있는 시대다. 한때 고리타분한 것으로 취급되기도 했고 거들떠도 안 보던 '인문학'이란 말이 유행하며 온갖 책들의 제목에 '인문학'이란 글자가 붙더니, 강의 프로그램이 인기를 끌면서 유명한 학자들이 알기 쉽게 어려운 학문의 세계를 요약해 강의해 준다. 뿐인가. 매우 강력한 왕국을 구축하고 있는 인터넷의 지식백과사전들을 통해 원하는 지식을 그 엑기스만 얻거나 조금 깊이 있게 얻을 수도 있다. 문자나 그림만으로는 쉽게 이해되지 않는 많은 것들을 유튜브 등 동영상의 자료 더미들 속에서 찾아내 시각적으로, 입체적으로 이해할 수 있는 시대가 되었다.

그런데, 그래서 세상이 더 교양이 높아지고 더 현명해졌는가, 라고 묻는다면 아무 주저 없이 고개를 끄덕일 사람이 얼마나 될까? '인문학'을 강의하고 '인문학'으로 여행하고 '인문학'으로 먹고 '인문학'으로 전시와 공연을 관람하고, 거의 모든 생활 영역에 '인문학'이라는 수사가 동원되지만 정작 대학의 '인문학' 관련 학과들은 취업에 별 도움이 안 되고 인기도 없어 퇴출되는 추세라 한다. 뿐인가. 책은 점점 더 어렵고 케케묵은 매체가 되어 가고 있으며 영화나 드라마도 현란하고 자극적인 것들만 살아남고 조금 진지한 것이다 싶으면 바로 외면 받는다. 어떤 학생들은 극장에서 영화를 보는 일조차 꺼리는데, 영화를 보는 1시간 반 동안 스마트 폰을 꺼둬야 하기 때문이라는 말을 듣고 그럴 수 있겠단 생각이 들었다.

무수하게 쏟아지는 많은 책들이 있는데 원전을 읽는 일은 점점 더 먼 일, 어려운 일이 되어 간다. 강의 프로그램에 등장하는 학자들이 독자를 대신해 그 고전들을 조리있게 요약해 주고 핵심을 설명해 주는 마당에 직접 고전이나 책을 읽을 필요가 무어란 말인가? 게다가 그 프로그램들이 일반인들은 평생 도달하기 힘든 경지, 이를테면 물리학과 문학, 건축과 음식, 생물학과 미학 같은 것을 자유자재로 만나게 하는, 통섭의 학문을 풍요롭게 제공해 주고 있는 마당에 말이다.

인생이 묻고, 톨스토이가 답하다

그런데 그렇게 요약되고 핵심만 짚어 주는 지식들은 온전히 내 것이 될 수 있을까? 단지 잠깐의 지적인 대화를 위해 필요한 일회용 교양이 아니라 삶에 피가 되고 살이 되는 지식, 지혜가 될 수 있을까? 동서고금 유명인들의 명언을 모아 놓은 명언집을 종종 뒤적여 본 적이 있다. 읽을 땐 대개 고개가 끄덕여지는 말이 많았는데 그중에 온전히 내 것이 되어 일상과 인생에 도움을 주는 말을 건지긴 힘들었다. 이상하게도 온전히 내 것이 되지 않았다. 직접 읽은 책들에서 직접 밑줄을 긋고 노트에 옮겨 적은 것들만이 마음에 깊고 선명하게 새겨져 삶과 생활, 대화, 이런 글을 쓰는 중에도 거듭 소환되어 '실용적인 가르침'이 되었다. '피로 쓴 것'들만 인정하겠다던 니체나,《인생이란 무엇인가》를 쓰며 그 명언들을 하나하나 곱씹고 자신의 생각을 밀고 간 톨스토이 모두 자신의 깨달음을 뼈에 새기고 살로 육화하기 위해 노력했다. 톨스토이는《인생이란 무엇인가》의 구석구석에 이러한 생각과 가르침을 거듭해 적고 있다.

사상은, 자신의 지능에 의해 얻어졌거나 조금이라도 이미 마음속에 일어난 의문에 대해 답하는 경우에 비로소 인생을 움직인다. 이와 반대로 머리와 기억력만으로 받아들여진 남의 사상은, 인생에 아무런 영향도 주지 않고 거기에 반하는 행위와 태연하게 공존한다.

기억에 의해서가 아니라 자신의 사색에 의하여 얻어진 것만이 참된 지식이다.

─《인생이란 무엇인가》에서

그렇다. 해외 명문 대학의 높은 학위를 받고 우리 사회의 높은 자리까지 오른 사람들이 어째서 입에 담기에도 부끄러운 부도덕한 일을 저질러 신문 지면을 찬란히 장식하는가. 어째서 일반 사람들도 상식적으로 옳고 그름을 판단할 수 있을 것들을, 어려운 시험을 거쳐 높은 지위를 얻은 사람들이 종종 법의 이름으로, 자신이 전공한 학문의 이름으로 (형식논리만 남은 채)본질에서 멀어져 잘못된 길로 빠져 버리는가.

더구나 이제는 인공지능을 현실적으로 고민해야 할 때다. 인공지능 시대에 살아남거나 사라질 직업을 언급하는 책들을 보면, 의사나 변호사, 대학 교수 같은 고학력 전문가 직업은 빨리 사라질 것이고, 아이의 손을 잡아주고 타인의 마음을 함께 나누는 유치원 교사나 상담사 같은 직업이 오히려 오래 남을 거라는 전망을 종종 내놓는다. "인간에게 어려운 일은 컴퓨터에겐 쉽고, 컴퓨터에게 어려운 일은 인간에겐 쉽다"는 한스 모라벡의 역설이 말하는 바도 이런 것이다. 무수한 판례와 고도의 의학기술을 구현하는 것은 인공지능에게 쉬운 일일지 모르나 아이의 울음을 웃음으로 바꾸는 일은 여전히 어려운 일일지 모른다. 학자와 교양인의 수준은 인공지능이 도달하기 쉬운 일이겠지만 현자의 길을 알려주는 일은 인공지능에게 여전히 먼 일, 아직 불가능한 일이 아닐까.

원하는 지식을 손쉽게 만날 수 있고 세상의 정보를 손쉽게 얻을 수 있는 시대인데 우리가 진정 지혜의 시대에 살고 있는지 묻고 싶다. 지금의 인류가 과거보다 더 현명하다 확신할 수 있을까. 우리가 현명하고 똑똑해졌다면, 범람하는 저 가짜 뉴스들은 다 뭐란 말인가? 자신이 듣고 싶은 것만 듣고 보고 싶은 것만 보는 사람들의 시대에 저 많은 책과 지식, 교양은 다 무슨 소용일까? 진실이 늘 아름답거나 맛있을 수만은 없다는 것을 받아들이기가 그토록 힘들까. 때론 맛없고 아름답지 않은 지식이 우리에게 더 필요한 진실, 우리가 딛고 서야 할 자리란 걸 깨닫기가 그토록 힘든 것일까.

물질적인 독물과 정신적인 독물의 차이는 다음과 같다. 물질적인 독물은 대부분 맛이 불쾌하지만, 저급한 산문이나 악서 같은 정신적인 독물은 불행히도 아주 매혹적이라는 점이다.

－《인생이란 무엇인가》에서

LEV TOLSTOY

레 프 톨 스 토 이

톨스토이에 대해
더 말하고 싶은 한두 가지 것들

Lev Tolstoy i literatura

톨스토이의 삶과 문학

41. 읽지 못한《전쟁과 평화》에 대해 말하는 방법

만약에 영생이란 것이 존재하고 죽은 사람들이
오늘날 이 세상에서 일어나는 일들을 보게 된다면,
본질에 있어서 무저항적 무정부주의자인 톨스토이는,
파시스트에 맞서 영광스러운 애국 전쟁이 수행되는 동안
자신의 작품이 스탈린의 효과적인 선동 문건 중 하나로
사용되는 것을 목격하는 것보다 오히려 연옥을 보는 것이
더 낫겠다고 생각할지도 모른다.

- 앤드류 노먼 윌슨,《톨스토이》에서

러시아의 세르게이 본다르추크 감독이 연출한 1967년 영화
〈전쟁과 평화〉를 DVD로 봤다. 영화라곤 하지만 러닝 타임이
427분, 거의 7시간을 넘어서는 대작이다. 10만 명의 엑스트
라를 동원한 윌리엄 와일러 감독의 〈벤허〉나 30만 명을 동원
해 1982년에 제작된 영화 〈간디〉를 넘어, 75만 명이라는 절
대 깨질 것 같지 않은 독보적인 수의 엑스트라가 참여한 것으
로 기록된 이 영화는 자본주의 시스템이 아닌 사회주의 동원

인생이 묻고, 톨스토이가 답하다

체제였기에 가능한 영화였으리라.

어마어마한 대작 영화임에도 불구하고, 앞부분만 보아도 영화가 얼마나 소설을 압축해 놓았는지 알 만했다. 구소련 영화의 위대함과 매력을 느낄 수 있는 영화라고 흔히 얘기하지만, 배우들의 유령 같은 연기나 탁해진 화질로 인해 웬만해선 몰입하여 끝까지 보기가 쉽지 않다.

본다르추크 감독보다 앞서 《전쟁과 평화》를 영화로 만든 것은 미국 할리우드였다. 킹 비더 감독이 연출하고 오드리 햅번이 나타샤를, 헨리 폰다가 피에르 역을 맡아 연기한 1956년 영화로 이것 역시 러닝타임이 208분에 이른다. 할리우드 스타 시스템에 의해 만들어진 이 영화 역시 원작을 상당히 압축한 느낌을 준다. 그런가 하면, 영국의 BBC 방송국에서 비교적 최근에 만들어 2016년 새해 벽두부터 전 세계 주요 방송에 동시 상영한 〈전쟁과 평화〉는 6부작 드라마로 러닝타임만 해도 7시간이 넘는다. 이 작품은 그나마 앞선 영화들보다 원작의 호흡에 충실한 것으로 평가받는다.

그런데 이 어마어마한 영화들의 원작이 된 소설을 썼고 그 원고를 무려 7번이나 수정했다는 톨스토이라는 사람은 도대체 뭐란 말인가? 그 소설을 곁에서 필사해 준 소피야 부인은? 어떻게 이런 불가능한 작업이 가능하단 말인가. 일단 《전쟁과 평화》는 그 분량으로 우리를 압도한다. 고전으로 불리는 것 중에, 분량으로 인해 '읽지 못한' 죄의식과 찜찜함을 안겨 주는 소설은 빅토르 위고의 《레미제라블》이나 미하일 숄로호 프의 《고요한 돈강》, 마르셀 프루스트의 《잃어버린 시간을 찾 아서》, 제임스 조이스의 《율리시즈》 같은 책들이다. 누군가는 톨스토이 (그리고 도스토옙스키)소설의 엄청난 분량은 작가가 작품을 펼쳐 나가기 위한 '필수적인 자유'였다고 말한다. 그 래도 그렇지 그 분량은 너무 엄청나지 않은가?

《전쟁과 평화》는 전 4권, 15부 361장, 에필로그 2부 28장의 장면 과 559명의 인물이 등장하는 일대 서사시적 장편 역사소설로, 각 각의 장은 완전한 단편의 형식을 갖추어 한 편 한 편이 독립된 단 편소설을 이루는, 어떤 장르에도 맞출 수 없는 독특한 구성을 지 닌 작품이다. 이 같은 한 편 한 편의 단편은 내적 관계의 고리로 각각 연결되어 하나의 거대한 장편소설을 완성한다.

– 박형규, 《전쟁과 평화》 해설에서

엄청난 분량의 소설을 앞에 두고 그걸 읽을까 말까 고민할 때마다 종종 '이 엄청난 원고를 쓴 사람도 있는데!' 하며 충 분히 읽을 수 있다고 생각하며 달려들곤 했다. 《전쟁과 평화》 도 그렇게 생각하고 덤벼들었다. 그러나 4권의 두꺼운 책들로

인생이 묻고, 톨스토이가 답하다

새로 출판된 이 작품을 1권의 중간에 오기도 전에 덮었다. 채 8분의 1도 읽지 못한 것이다. 워낙 바쁜 계절에 읽어서인가 거기까지 오는 데에도 한 달이 족히 걸렸다. 책을 빨리 읽지 못하고 정독하는 스타일인 내게 해야 할 일, 읽어야 할 많은 책, 써야 할 많은 것들을 두고 이 책에 몰두하는 일은 허락되지 않았다. 눈물을 머금고 책을 '언젠가'로 미뤄야 했다.

개인적인 핑계를 넘어 이 책이 넉넉히 읽히던 시절과 우리 시대를 비교하자면, 지금은 소설 말고도 즐길 거리나, 이야기를 섭취할 매체들이 차고 넘친다는 사정이 있다. 영화가 소설의 '이야기 들려주기' 기능을 앗아가더니 이제는 게임과 드라마들이 더 강력하게 그 역할을 수행하고 있다. 자극적이고 현란한 영상은 우리의 독서 능력을 고루하고 낡은 것으로 비웃는다. 게다가 이 엄청난 분량의 소설을 넉넉히 읽을 시간도 우리에게 쉽게 주어지지 않는다. 잘 다니던 회사에 용감히 사표를 던지고, 남은 생을 오로지 독서에만 바치겠던 일본의 다치바나 다카시 같은 작가라면 몰라도.

그러므로 읽지 못한 《전쟁과 평화》에 대해 말하는 방법도 간단하다. 세르게이 본다르추크 감독 영화는 구하거나 보기도 쉽지 않을 터이니 킹 비더 감독의 1956년작 영화를 보자. 그것마저 너무 케케묵은 것으로 여겨진다면 6부작으로 만들어진 BBC의 드라마도 있다. 그것마저 볼 시간이 없다면, 그렇다면,《전쟁과 평화》에 대해 말하는 것을 포기해야겠지. 나는 소설의 일부분을 읽은 경험과 이 영화들을 찬찬히 챙겨 본 것, 그 영화에서 본 부분을 가지고 소설의 해당 부분을 찾아본 것 정도를 가지고 부끄러움을 무릅쓰고 읽지 못한《전쟁과 평화》에 대해 말하고 있다.

《전쟁과 평화》는 이미 자전적 3부작인《유년시절》,《소년 시절》,《청년시절》로 러시아 문단에 자신의 이름을 또렷이 새긴 톨스토이에게 불세출의 작가, 세계적인 대문호의 이름을 얻게 해준 진정한 출세작이다. 흔히 러시아 인들이 '조국전쟁'이라 하여, 오만한 나폴레옹의 프랑스 군을 물리친 자부심을 갖고 있는 1812년의 전쟁을 배경으로 당대 러시아 사회의 거대한 모자이크를 그려낸 작품이다. (동시대 러시아 작곡가 차이콥스키는 이 전쟁을 기리기 위해 〈1812년 서곡〉을 작곡하기도 했다.) 이 작품에는 역사적 인물인 나폴레옹이 직접 등장하여 대사를 내뱉고 인간적인 고뇌와 번민을 말하기도 하며 당시 러시아 군을 지휘한 쿠투조프도 등장하여 러시아적인 영웅의 모습을 보여 준다.

그러던 이 소설은 채 100년도 안 되어 다시 절박하게 소환된다. 나폴레옹만큼이나 위협적인 존재인 히틀러가 러시아를 넘보던 2차 대전 와중에, 스탈린의 소련은 이 소설을 조국과 민족의 단결과 저항을 부추기는 위대한 민족적 서사시이자 애국 소설, '선동 문건'으로 활용했다. 그전까지만 해도 몇몇 소비에트 지도자들에 의해 톨스토이는 사상적으로 의심스러운 작가로 평가되었음에도 말이다.

톨스토이와 그의 민족적 신화는 실제로 히틀러가 나치-소비에트 동맹을 깨뜨리자마자 스탈린에 의해 다시 가동되기 시작했다. (…) 사람들은 1941~1942년 이 국가적 시련기에 이를 읽었다. 이미 톨스토이는 그때까지 러시아에서 작품을 가장 많이 출판한 작가가 되어 있었으며(전쟁 동안 레닌의 저작보다 그의 작품이 훨씬 더 많이 출판되었다), 그에게는 당시의 공식 문건에서 스탈린에게만 붙여지던 '위대한 Velikii'이라는 수식어가 부여되었다.

– 엔드류 노먼 윌슨, 《톨스토이》에서

앞서 말한 바와 같이 소설에 등장하는 인물만도 559명에 주요 등장인물만도 이삼십여 명에 달한다. 서양문학의 비조(鼻祖) 격인 《일리아드》에 종종 비교되는 까닭도 여기에 있다. 그러나 그 어떤 인물도 소설 안에서 주요 등장인물을 위한 도구나 장식으로 등장하지 않는다. 당대 한 평론가는 이 소설의 마지막 권이 발행되자 이렇게 격찬하기도 했다.

수천의 인물, 수천의 장면, 국가 및 개인 생활의 모든 영역, 역사, 전쟁, 땅 위에 있는 온갖 공포, 모든 열정, 신생아의 고고성에서부터 죽어가는 노인의 마지막 감정 폭발에 이르기까지 (…) 동료에게서 지폐를 훔친 도둑의 감정에서부터 영웅주의의 고상한 움직임, (…) 인간이 이해할 수 있는 모든 기쁨과 슬픔, 이 모든 것이 이 그림 속에 구현되어 있다. 그럼에도 불구하고 실제로 어느 한 인물도 다른 인물을 가리지 않고, 어느 장면, 한 인상이 다른 장면과 인상을 방해하지도 않을 뿐만 아니라, 모든 것이 적재적소에 배치되고, 모든 것이 명확하고, 모든 것이 독립되어 있으며, 모든 것이 서로서로 그리고 전체와 조화를 이룬다.

— N.N. 스트라호프의 말, 박형규, 《전쟁과 평화》 해설에서

이 작품은 스케일로 우릴 압도할 뿐만 아니라 디테일로도 충분히 우리를 압도한다. 1869년 이 작품이 완성된 뒤 곧바로 이어진 《안나 카레니나》의 디테일은 이 소설에서도 이미 충분히 발휘되고 있다. 게다가 작가가 직접 참전하여 겪은 세바스토폴 전투와 캅카스 전선에서의 경험이 이런 꼼꼼하면서도 생동감 넘치는, 그리하여 위대한 스케일로 승화된 대작을 탄생시킨 밑거름이 되었을 터다.

이 작품이 위대한 것은 무엇보다, 전선의 작은 부분을 이루는 인물들을 절대 소홀하게 다루지 않으면서, 흔히 영웅으로

치부되는 나폴레옹이나 러시아 황제, 그리고 러시아 군의 지휘관 쿠투조프 같은 이들을 거대하게 흘러가는 역사의 '인형' 정도로 바라보는 톨스토이의 '반(反)영웅'적 역사관에 있다. '문화(culture)'라는 것을 유명한 예술가의 작품이나 실천으로만 보지 않고 당대 사람들의 '삶의 방식(way of life)'으로 보는 시각을 갖는 데에 오랜 시간이 걸렸듯이, 역사를 영웅들의 놀이터가 아닌 민중과 시대의 현장으로 바라본 이런 시각은 당대엔 상당히 진보적인 역사관이었으리라.

인생이, 우리 시대의 삶이 얼마나 각박하고 메말랐기에 《전쟁과 평화》 같은 소설을 찬찬히 읽을 시간조차 주지 않는단 말인가. 아직 책을 읽을 만한 시력을 가진 노년에, 번잡하고 부질없는 일들 다 털어 버리고 너무 뒤로 많이 젖혀지지 않는 흔들의자에 고요히 앉아 《전쟁과 평화》를 읽을 날을 꿈꿔 본다. 인생의 부질없는 전쟁을 다 치르고 마음의 평화를 얻어서야 이 책을 읽어낼 수 있을 것 같다.

42. 톨스토이의 글쓰기 교실

"료보츠카(레프 톨스토이의 애칭), (…) 그런데 당신은
어떻게 사랑에 빠진 아가씨의 마음을 들여다보기라도
한 것처럼 묘사하지요? 또 어떻게 당신은, 어떤 엄마가
느끼는 감정, 이를테면 나 자신도 이해하기 어려운 내
삶에 대해 엄마가 느끼는 그런 감정을 그렇게 세밀하게
묘사하지요?"

– 처제 타냐가 톨스토이에게 한 말, 앤드류 노먼 윌슨, 《톨스토이》에서

사진작가 그룹 '매그넘'을 공동 설립하고 '결정적 순간'이라
는 자신만의 이론으로 20세기 사진계를 풍미한 사진가 앙리
카르티에 브레송을 일컬어 '사진계의 톨스토이'라고 칭하는
말을 들었다. 다른 소설가도 아니고 톨스토이를 브레송에 붙
인 이유가 틀림없이 있을 것이다. 아니, 다른 사진작가도 아니
고 (곰브리치의 《서양미술사》에 언급된 유일한 사진작가기도 한)앙
리 카르티에 브레송을 톨스토이에 빗댄 이유도 있을 것이다.
둘 사이의 공통점은? 글쎄. 디테일에 강했다는 것? 장수하여

(브레송은 96세까지 살았고, 톨스토이도 82세까지 살았다) 기나긴 격동의 시대를 몸소 겪으며 그것을 증언했다는 것? 아니, 그런 걸 떠나 각자 자신의 분야인 사진과 문학에서 정점에 섰다는 점에서도 그러할 것이다. 물론, 솜씨에 있어 그들은 자신의 분야에서 최고의 미학적 성취를 이루어냈다.

톨스토이는 어느 글에선가, "투르게네프는 글재주는 좋으나 다루는 주제는 시원치 않고, 도스토옙스키는 주제는 심오하나 글재주는 별로 없다"는 얘길 했다. 자신의 라이벌들이자 당대 최고의 작가들이기도 했던 그들에 대해 이런 모진 평을 한 걸 보면 자신은 글재주나 주제의식 양면에서 꽤 자신 있다는 얘기로 들리기도 한다. 다소 오만하게 들리는 이런 말을, 그러나 뉘라서 쉽게 반박할 수 있겠는가. 톨스토이의 주제의식에 대해선 이미 이 책 전체를 통해 얘기했지만, 글솜씨라는 측면에서도 톨스토이의 위대함은 빛이 난다. 번역된 책들이라 해도 그의 문재(文才)를 엿보기에 충분하다. 은유를 비롯한 문학적 수사가 태평양 한가운데 뜬 돛단배처럼 드물게 구사되는, 비교적 장면이나 사람의 심리묘사에 탁월한 재주를 보이는 도스토옙스키와는 뚜렷한 차이를 보인다. 아래와 같은 톨스토이의 은유나 미문들을 도스토옙스키에게선 기대할 수가 없다는 것이다.

"그건 완두콩 깍지 속에 훌륭한 완두콩 두 알이 나란히 들어 있을 수 없는 것과 같은 이치입니다. 게다가 이것은 믿어지지 않는다는 문제만이 아니라 권태의 문제이기도 합니다. 평생을 한 여자 또는 한 남자만 사랑한다는 것은 양초 하나가 평생 탄다는 것과 다를 바 없습니다."

- 《크로이체르 소나타》에서

"정말 이상한 일이야, 사나이들이 언제 어떻게 결혼 신청을 하느냐 하는 건 말예요... 뭔가 둑 같은 것이 있어서 그것이 갑자기 무너져 버리는 것과도 같거든요." 돌리는 기분이 좋은 듯이 미소를 지으면서 자신과 남편인 오블론스키와의 옛날을 추억하며 말했다.

- 《안나 카레니나》에서

그런가하면, 톨스토이가 극단에 가까운 비난을 퍼부었다는 동시대 프랑스 시인 보들레르의 〈이방인〉 같은 시와 거의 비슷한 목소리를 낸 문장도 있다.

"네 이름이 뭐야?"라고 묻습디다. (…) 나는 나 자신에게 이름 같은 걸 붙이지 않고 있소. 나는 모든 걸 버린 사람이오. - 그래서 이름도 없고, 집도 없고, 고향도 없소 - 아무것도 없단 말이오, 나는 그저 나 자신일 뿐이오. "그러면 남들은 널 뭐라고 불러?" -

"인간이라고 하죠." – "그럼 나이는 몇 살이야?" 나는 햇수를 헤
아리지 않는다고 말하였소. (…) "네 부모는 누구야?"라고 묻습니
다. "신과 만물을 낳은 대지 이외에는 아버지도 없고 어머니도 없
소."라고 나는 말하였소. "신이 내게는 아버지이고, 대지가 내게
어머니요." – "그럼 황제는? 황제를 인정하는가?" – "왜 내가 그
를 인정하지 않겠소? 그는 자기 자신에 대해서 황제이고, 나는 나
자신에 대해서 황제인걸." – "허, 너 같은 작가와는 도대체 말을
할 수 없다."라고 그들이 말하면, 나는 이렇게 대꾸했소. "내가 당
신들더러 나한테 말을 하라고 요청한 적은 결코 없었잖소?"

— 《부활》에서

그렇다고 톨스토이를 미문을(도) 잘 쓰는 작가로 치부한다
면 톨스토이가 기꺼워할까? 어쩐지 그 말을 찬사로 여기지
않으실 것 같다. 그의 글쓰기에는 그보다 더 중요한 것이 있
기 때문이다.

그는 예술을 위한 예술을 경박한 미학이라고 비난했다. 톨스토이
의 소설에서 특정의 요소, 즉 특정 묘사나 메타포를 지적해 내기
가 힘들고, "여기 테크니션 톨스토이가 있다"고 말하기 힘든 이유
는, 그의 소설에는 폭넓은 중심 세계관이 있고, 복잡한 인간관계
가 있으며, 위대한 예술이란 경험을 철학적–종교적으로 다루는

것이라는 가정이 있기 때문이다.

— 조지 스타이너, 《톨스토이냐 도스토예프스키냐》에서

그렇다면 톨스토이에게 소설은 무엇이며 그가 소설에서 인물을 만들어 가는 방법은 어떠했던가? 흔히 소설의 결말을 미리 만들어 놓고 소설을 쓴다는 작가도 있거니와, 대충의 결말만 갖고 출발해 그 인물이 소설 안에서 어떻게 갈등하고 움직이고 배반하는가를 지켜본다는 작가들도 있다. 톨스토이는 아마도 충분한 분량을 염두에 두고 자신의 인물들을 소설 안에서 '놀게', 혹은 '살게' 하였을 것이다. 그가 종종 밝혔듯 마치 실험실에서 실험을 관찰하듯 말이다. 《이반 일리치의 죽음》이 '죽음'의 기습을 받고 절망하는 이반 일리치에 대한 임상기록으로 읽히는 것도 그런 까닭이고, 자신이 감당하기 힘든 사랑의 모험을 감행한 카레닌의 부인 안나가 속물적인 러시아 상류 사회 속에 질식해 죽어가는 것을 관찰한 기록으로 《안나 카레니나》가 읽히는 까닭도 여기에 있다. 고리키에게 보냈다는 편지를 보면, 그는 자신이 창조한 세상에 군림하는 창조주이되 한편으론 연민 많은 관찰자의 모습을 보여 주기도 한다.

글을 쓸 때면 내 자신이 어떤 인물에게 갑작스럽게 동정을 느끼게 됩니다. 그러면 나는 그 인물에게 좋은 성질을 부여하거나 다른 인물에게서 좋은 성질을 박탈해 버리지요, 이런 식으로 그 인물이 다른 인물에 비해 너무 암담해 보이지 않게 하는 겁니다.

– 조지 스타이너, 《톨스토이냐 도스토예프스키냐》에서

그런가 하면 톨스토이는 글을 쓴 뒤 거듭 고쳐 쓰는 것, 즉 퇴고의 중요성을 강조하였다. 그 엄청난 분량의 《전쟁과 평화》를 7번이나 고쳐 썼다는 얘기는 어떤 이들에겐 쉽게 믿기지 않는 신화로도 치부되지만 어쨌든 톨스토이가 퇴고를 중요시 했던 것은 사실인 듯하다.

소설의 교정을 담당했던 P.I. 바르테네프는 톨스토이가 나름 최종적으로 다듬어진 텍스트를 무자비하게 '후벼파는' 것을 보고 섬뜩함을 느낄 정도였다. 그러나 톨스토이의 말에 의하면 그것은 작품을 '엄청나게 이롭게' 하기 위해 필요한 톨스토이식 '아주 조금'이었을 뿐이었다. "당신이 마음에 들어하는 그 원고는 만일 다섯 차례쯤 더럽혀지지 않았다면 아마 형편없었을 것입니다."라고 그는 대답했다. 이와 같이 최종 원고를 다시 고쳐 쓰고 쓸데없는 것을 삭제하기로 유명했던 '톨스토이의 썼던 것 삭제하기 기술'은 특히 중요했다.

– 박형규, 《전쟁과 평화》 해설에서

톨스토이는 어떤 글에서, 누구에게나 보이지만 다른 사람들은 그 의미를 알지 못하는 것, 오로지 자신에게만 보이는 어떤 것이 있을 때 글을 쓴다는 얘길 한 적이 있다. 나는 그 말에서 사진가 브레송이 '사진계의 톨스토이'로 불린 합당한 지점을 생각해 냈다. 사진이야말로 톨스토이의 이 말과 딱 맞는 예술이 아닌가. '누구나 보고 있으되, 아무도 볼 수 없는 것'을 찍는 것, 사진을 포함해 대저 모든 예술이 그러한 눈을 필요로 하지 않던가? 예술이 우리 삶을 풍부하게 해주고 미처 알지 못한 것들을 깨닫게 해주는 이유가 또 여기에 있지 않던가?

인생이 묻고, 톨스토이가 답하다

43. 톨스토이가 도스토옙스키를 만나지 않은 까닭은?

> 카튜사는 집 안에서 할 일이 많았지만 그것을 다 해치우고
> 나서 여가에는 독서를 하고 지냈다. 네흘류도프는 자기가
> 다 읽은 도스토옙스키와 투르게네프의 저서를 그녀에게
> 주었다. 그녀는 투르게네프의 《조용한 벽지》를 가장
> 좋아했다.
>
> — 《부활》에서

톨스토이는 자신과 동시대에 살며 자신만큼이나 유명했던 작
가 도스토옙스키를 어떻게 생각했을까? 그의 소설에는 도스
토옙스키나 동시대 작가에 대한 언급이 자주 등장하지만 그
의 속마음을 알기는 쉽지 않다. 평론이나 기고문이 아닌 '허
구'를 본질로 하는 본격 소설에 동시대 작가와 작품을 언급하
는 일은 다소 예외적으로 느껴진다. 《부활》에는 톨스토이와
동시대를 살았던 니체에 대한 언급도 등장한다. 니체를 알고
있었던 것이다. 어쩌면 자신과는 반대편에 서 있다고 해야 할
이 요령부득의 철학자에 대해 톨스토이는 무슨 생각을 했을

까? 나아가《전쟁과 평화》에는 아예 실제로 존재했던 역사적 인물들이 허구의 인물들과 대화하고 부딪치고 갈등한다.

도스토옙스키 역시 자신의 소설 속에 라이벌(?) 톨스토이를, 또 그의 작품을 종종 언급했다. 장편《미성년》에는《전쟁과 평화》와 그 작가 톨스토이를 극찬한 구절들이 담겨 있다. 노년에 완고한 예술론을 펼쳤던 톨스토이는 도스토옙스키의《가난한 사람들》을 찰스 디킨스나 빅토르 위고의 소설과 함께 훌륭한 소설로 꼽았다. 물론 앞에서 언급한 것처럼 '도스토옙스키는 주제는 훌륭하지만 글은 잘 못 쓴다'는 말로 그의 문장이나 글쓰기를 폄하하기도 했지만 말이다.

이 무슨 우연이고 조화인지, 톨스토이와 도스토옙스키는 거의 동시대를 살았고 같은 나라, 같은 종교라는 배경을 공유하며 작품 활동을 펼쳤다. 도스토옙스키가 톨스토이보다 10살 정도 많았고, 톨스토이는 도스토옙스키가 사망한 1881년으로부터 30여 년을 더 살았다. 서로를 의식하는 듯한 작품 속 언급이나 작품 외 언급들이 있지만 이상하게도 그들은 끝내 만나지 않았다. (비록 도스토옙스키 사후의 일이지만)체호프며 고리키 등의 작가들이 톨스토이의 영지를 수시로 방문한 반면, 도스토옙스키는 그런 생각을 아예 하지 않은 모양이다. 그러한데도 많은 평론가들이 두 사람이 직접 만나지 않

인생이 묻고, 톨스토이가 답하다

았을 뿐이지 서로를 깊이 의식하면서, 서로에게 지대한 영향을 미치며 영적으로 깊이 연결되어 있었을 거라 말한다.

톨스토이와 도스토예프스키가 사실 비교될 수 있을까? 그들의 정신이 대화와 상호 인식을 통해 연관되어 있다고 생각하는 것은 한 비평가가 지어낸 이야기에 불과할까? (…) 우리는 두 사람이 서로 상대를 본 태도와, 《백치》의 저자에게 《안나 카레니나》가 준 의미를 알고 있다. 더욱이 도스토예프스키의 소설 가운데는 그와 톨스토이 사이의 영적 만남을 예언적으로 비유한 구절이 있다고 본다.

─ 조지 스타이너, 《톨스토이냐 도스토예프스키냐》에서

도스토옙스키는 모스크바 북서쪽으로 700킬로미터 거리에 있는 러시아의 새로운 수도 상트페테르부르크를 평생의 근거지로 하여 이 도시 안에서만 20번 넘게 이사를 다니며 도시를 떠나지 않았다. 반면 톨스토이는 모스크바로부터 남쪽으로 200여 킬로미터에 위치한 자신의 영지 야스나야 폴랴나에 30세 무렵 정착한 뒤 줄곧 이곳을 기반으로 글을 쓰고 왕성한 활동을 펼쳐 왔다. 그들이 만날 뻔한 시기도 있었다. 톨스토이가 군대를 제대한 1856년, 투르게네프나 네크라소프 등 당대 내로라하는 작가들과 결성한 상트페테르부르크의 문학 단체에 들어 이 도시에서 활동했지만, 이 시기엔 유감스럽게도 도스토옙스키가 시베리아 유형을 다녀온 뒤 군복무를 하던 시기다. 도스토옙스키가 상트페테르부르크로 돌아온 것은 1858년경으로 이땐 이미 톨스토이가 야스나야 폴랴나로 돌아간 뒤다. 운명의 신은 두 사람을 만나게 하지 않았다. 혹자는 그들이 서로를 의도적으로 피했다고 말하기도 한다.

영국의 문학 비평가 조지 스타이너는 '인간 본성이 갖고 있는 빛이 한꺼번에 응집되었던' 서구 문학의 찬란했던 '위대한 승리기'를 언급하며 이를 세 시기로 분류했다. 첫 승리기는 소포클레스, 에우리피데스 같은 극작가와 플라톤 등이 활동한 아테네 시대고, 다음 승리기는 셰익스피어의 시대, 그리고 마지막으로 도스토옙스키와 톨스토이가 활동한 시대를 꼽았다.

그런가 하면, 두 거장의 공통점으로 작품의 '방대함'을 꼽은 스타이너는 이를 두 작가의 거인적 활력과 굳센 인내력, 동물적 강인함 등으로 설명한다. 어마어마한 분량의 《전쟁과 평화》를 7번이나 고쳐 썼다는 톨스토이나 평생을 괴롭힌 간질, 도박벽에도 불구하고 병적으로 소설 창작에 집착하여 (매수에 따라 보수를 받은 사정을 감안하더라도)엄청난 분량의 소설들을 창조한 도스토옙스키는 해명 불가능한 '거인'들로 불리기에 부족함이 없다. 토마스 만 같은 작가는 이를 두고, 톨스토이(와 괴테)는 올림푸스적인 창조의 건강함으로, 도스토옙스키(와 니체)는 병적인 성격을 그 에너지의 원천으로 구별해 설명했다. 스타이너는 《안나 카레니나》, 《카라마조프 가의 형제들》 이후 소설가가 된다는 것은 더욱 어렵고도 무의미한 일이 되어 버렸다고까지 말한다.

군복무를 하면서 내무반의 취침등 아래서 《죄와 벌》과 《카라마조프 가의 형제들》을 읽었고, 러시아 문학 수업을 들으며 내내 도스토옙스키를 수강한 탓에 일찌감치 도스토옙스키 '빠'가 된 나는, 잘 알지도 못하면서 상대적으로 톨스토이를 폄하하여 관심을 갖지 않았다. 그러나 러시아로 몇 번 여행을 하며 톨스토이를 가져가 읽었고 도스토옙스키와 어깨를 나란히 하는 그의 위대함을 비로소 알게 되었다.

'그래서 두 작가 중 누가 더 훌륭한가?'를 묻는 질문은 부질 없고 무의미하다. 레오나르도 다 빈치와 미켈란젤로, 노자와 공자, 고흐와 고갱, 혹은 존 레논과 폴 매카트니 중 누가 더 훌륭한가를 묻는 것처럼 성급하고 어리석은 질문에 지나지 않을 것이다. 그들은 각자 그 자신으로 위대했지만, 서로를 통해 위대해진 면도 간과할 수는 없다. 자신만이 독보적으로 위대해질 수 있을 시대에 이 같은 훌륭한 라이벌이 있었다는 사실에 그들은 절망하거나 분노했을까? 아니면 크게 기뻐하였을까?

그럼에도 불구하고 참을성 없는 사람들은 '그런 얘긴 집어

치우고 그래서 누가 더 위대하고 누가 더 훌륭한 작품을 썼는가?' 하고 재촉해 물을 것이다. 그러면 하는 수없이 나는 이렇게 대답할 것이다. 위대하기로는 톨스토이가 위대한데, 얼마만큼 위대하냐면 동시대 작가 도스토옙스키만큼 위대할 것 같다고. 또 훌륭한 작품으로 치면 도스토옙스키의 《카라마조프 가의 형제들》과 《죄와 벌》이 떠오르는데, 얼마만큼 훌륭하냐면 톨스토이의 《안나 카레니나》나 《전쟁과 평화》만큼 훌륭한 것 같다고.

E.M.포스터는 "어떤 영국 소설가도 톨스토이만큼 위대하지 않다. 다시 말해, 인간의 삶을 가정적인 면이든 영웅적인 면이든, 그처럼 완벽하게 그린 사람은 없다. 또한 어떤 영국 소설가도 도스토예프스키만큼 인간의 영혼을 깊이 파헤친 사람은 없다."고 썼다.

이들은 크기가 같고 서로 상대의 궤도를 침범하는 이웃하고 있는 두 행성이다. 이들은 비교하고 싶은 대상인 것이다. 게다가 이들 사이에는 공통된 토대가 있다. 각자의 신의 이미지, 행동의 제안 등은 궁극적으로 화해될 수 없는 것이다. 하지만 같은 언어로 썼고, 역사상으로 완전히 꼭 같은 시기에 썼다. 그들은 만날 뻔한 적은 수없이 많았으나, 그때마다 어떤 끈질긴 예감이 있어서인지 물러나고 말았다.

– 조지 스타이너, 《톨스토이냐 도스토예프스키냐》에서

인공지능 시대에
톨스토이를 읽는다는 것

"당신과 같은 시대를 살아서 행복했습니다."

– 투르게네프가 톨스토이에게 보낸 편지

미국 버몬트에 작은 땅을 개간하며 '아름다운 삶'을 실천해 간 스콧 니어링과 헬렌 니어링 부부는 자신들의 책《아름다운 삶 사랑 그리고 마무리》의 끝 부분에 모범적인 위인들의 본받아야 할 덕목을 나열하며 '톨스토이와 자기포기'를 항목 맨 앞에 두었다. 그들이 톨스토이와 함께 본받아야 할 모범으로 삼은 위인들의 덕목은 다음과 같다. 소크라테스와 이성의 법칙, 소로의 간소한 생활, 마르크스와 엥겔스의 착취에 대한 저항, 간디와 비폭력, 부처의 무애(無碍), 빅토르 위고와 인도주의, 예수와 사회봉사, 공자의 중도(中道) 등이다. 이들의 사상과 실천은 그것이 비롯되고 펼쳐진 시간과 장소의 멀고 먼 간격에도 불구하고 비교적 가깝게 섞인다. 앞선 사람의 생각과 실천을 받아들여 자신의 생각을 가다듬고 실천해 온 사람들은 큰 줄기로 만나 인류에게 값진 지혜를 전해 주었다. 이러한 일련의 흐름 가운데 톨스토이의 생애와 사상, 실천은 단연 돋보인다.

톨스토이는 생전에 인류의 스승으로서의 지위를 누린 사람이다. 이토록 단단한 지위를 살아 생전에 누린 사람은 동서고금을 통틀어서도 별로 떠오르지 않는다. 노년에 이르러 러시아를 넘어 전 세계에 막강한 팬덤을 구축하였고 전 세계 지성인들의 무한한 존경을 받았다. 앞서 말했듯이 사망 이태 전인 1908년, 톨스토이의 팔순을 축하하는 자발적 집행위원회가 유럽 지식인들 주축으로 구성될 뻔하기도 했지만 톨스토이의 간곡한 요청으로 취소된 일도 있었다. 팔순 생일안 8월 28일부터 며칠 동안 톨스토이는 세계 각지에서 보낸 무려 1,500통 이상의 축하 전문을 받았다. 그 축하 전문들에는 인류를 위해 높고 새로운 사상을 펼쳐준 톨스토이의 담대함과 실천력, 진실함에 찬사를 보내면서, 전 세계에 사랑의 깊은 의미를 전해 준 작품들에 대한 감사들로 가득했다고 한다. 톨스토이는 작가 중의 작가, 가장 탁월한 문학적 성취를 이룬 작가들이 가장 존경하는 '작가들의 작가'로 칭송받았다.

그런가 하면 노벨 문학상 수상자 로맹 롤랑은 자신이 존경하는 예술가들을 찬양하는 전기들을 집필했는데 미술의 미켈란젤로, 음악의 베토벤, 소설가 톨스토이의 전기가 한 권의 책으로 묶이기도 했다. 특히 톨스토이는 젊은 날 롤랑에게 직접 편지로 격려를 준 바 있는 스승으로 그에 대한 존경심은 남달랐던 것 같다. 톨스토이의 전기에서 롤랑은 다음과 같은 애도의 말로 그 첫 장을 연다.

> 요 백년 남짓한 동안 땅 위를 밝혀 주었던 위대한 러시아의 한 영혼이 사라졌다. 그것은 우리 세대의 사람들에게 있어서는 젊은 시절을 비쳐 주는 가장 순수한 빛이었다. 19세기 말 무겁고 어두운 그늘이 드리워진 황혼 속에서 그 빛은 위안의 별이었다. 그 별빛은 우리 청년들의 정신을 사로잡고 위로해 주었다.
>
> ─ 로맹 롤랑, 《위대한 예술가의 생애》에서

그러나 톨스토이가 당대에 받은 최고의 찬사는 뭐니 뭐니 해도, 톨스토이와 동인 활동을 펼쳤으며 톨스토이의 신랄한 비판에 한동안 서먹한 관계를 유지하다 화해한 뒤 더욱 각별한 사이가 되었던, 톨스토이에게 문학을 저버리지 말 것을 간곡히 부탁하며 눈을 감은 동시대 작가 이반 투르게네프의 말일 터다. 동시대인에 대해 이보다 더한 찬사가 있을까 싶다.

"당신과 같은 시대를 살아서 행복했습니다."

당대에도 그토록 존경받는 작가였고 20세기 내내 (라이벌 작가인 도스토옙스키와 함께) 변치 않는 거장의 지위를 누린 톨스토이. 그러나 새롭고 낯선 미디어들, 개념 자체가 바뀌어 버린 예술, 더욱 자극적인 서사들이 난무하는 21세기에 이르러, 19세기 작가 톨스토이를 읽는다는 것은 그리 힘이 나는 일은 아니다. 노년에는 매서운 도덕주의자의 면모를 보인 그를 보면 당대와는 가치관과 도덕의 내용이 확연히 다른 오늘날, 그의 한계는 곳곳에서 드러나 보이는 듯하다.

인공지능이 인간과의 바둑 대국을 이기고, 오직 인간만이 할 수 있으리라 여겼던 소설 창작 같은 것을 할 수 있게 된 시대에 접어들었다. 우리가 알파고 같은 존재의 출현에서 받은 충격은 단순히 인간이 인공지능에 패배했다는 데에 기인한 것이 아니라, 예상했던 일이 현실로 너무나 빨리 닥쳐왔다는 데서 오는 충격이 아니었을까. 그러니 앞으로 닥쳐올 인공지능, 로봇과의 공존은 얼마나 빨리 익숙한 현실로 자리잡을까? 서양 철학사 내내 존재와 인식에 관해, 인간이란 무엇이고 세계는 무엇인가를 두고 그토록 오래 논쟁하고 연구해 왔지만 우리는 처음부터 다시 '인간이란 무엇인가'를 물어야 할 처지다.

인생이 묻고, 톨스토이가 답하다

그런 질문들에 고대 그리스의 철학자들은 물론, 데카르트며 니체, 프로이트 등 과거의 철학자들이 소환되고 있다. 닥쳐올 현실에 대해 예측하고 설명해 줄 사람을 수십, 수백 년 전 사람들 속에서 찾다니. 여전히 우리는 고전의 먼지 덥수룩한 책장을 뒤적이고 있는 것이다.

요즘 초중고 학생들은 영화관의 그 현란한 영화나 재미없을 수 없게 만들어졌다는 텔레비전 드라마에조차 흥미를 못 느껴 외면하고 있다는 얘길 주변에서 종종 듣는다. 영화를 보는 2시간 남짓 스마트폰을 꺼두어야 하는 걸 참기 힘들고, 일방적으로 이야기를 강요하는 드라마보다 자신이 직접 주인공이 되어 서사의 환경을 이끌어 가는 게임의 세계가 훨씬 박진감 넘치는 경험을 안겨 주기 때문이라 했다. 이런 시대에 소설을 읽는다는 것은 무슨 의미가 있을까? 저 케케묵은 19세기 소설, 그것도 서너 권으로 분책돼 출판된 어마어마한 분량의 톨스토이 (그리고 도스토옙스키)같은 작가를 읽는다는 것은 무슨 의미가 있는 것일까? 여전히 그 세계에 머물러 있는 나와 같은 독자는 퇴행적인 인간에 지나지 않는 것일까?

문득, 신영복 선생이 종종 강조한 '독서는 삼독(三讀)'이 되어야 한다는 말에 기대어 본다.

독서는 삼독입니다. 먼저 텍스트를 읽고 다음으로 필자를 읽어야 합니다. 그리고 최종적으로 그것을 읽고 있는 독자 자신을 읽어야 합니다.

— 신영복 선생의 글씨, 서삼독(書三讀)에서

선생의 말에 따르면, 진정한 독서란 결국 쌍방향으로 일어 나는 의미 작용이자 행위다. 텍스트 안에 펼쳐진 세상과 그 걸 고안하고 정리한 작가, 그리고 그것에 반응하고 반성하는 자신을 읽는다는 것이다. 게임처럼 즉자적이고 자극적이지 도 않고 읽고 곱씹어야 하는 오랜 시간을 필요로 하지만, 이 역시 일방적으로 강요되는 텍스트는 아닌 것이다. 찬찬히 스 며든 독서의 경험은 우리의 머리와 마음, 영혼에 자국을 남긴 다. 좋은 책일수록 모래가 아닌 단단한 화강암에 새기는 것과 같은 깊고 또렷한 자국을 독자에게 남긴다. 이 정도의 변명을 갖고 거대한 서사와 산업의 왕국을 구축해 가는 영화나 드라 마, 게임보다 독서가 여전히 의미 있음을 강변하는 것은 궁색 해 보일지 모른다. 어쨌거나, 점점 불가해하게 변해 가는 세상 을 읽고 살아갈 문제를 고민하는 데에는 낡은 책장 안에 길이 있음을 여전히 믿을 수 밖에 없다.

이 여름 나는 그 길을 톨스토이의 잔소리들 속에서 찾았다. 인 공지능과 4차 산업혁명이 호들갑스럽게 운위되는 세상을 그를 통해 읽었다. 그의 주변머리 없는 변호인이 아니라 찬찬한 비판자가 되어.

이상한 일이다. 톨스토이 인생에 가장 중요한 사건이라 할 수 있었던 '회심'을 일으킨 나이가 쉰이었다. 내가 꼭 그 나이가 되어 톨스토이에 관한 책을 쓰게 되다니. 톨스토이가 워낙 잔소리꾼이어서 그런지, 그의 글을 옮겨 적는 나 역시도 스스로 감당하기도 힘든 말들을 잔뜩 늘어놓은 것 같다. 톨스토이가 그때까지 자신의 삶이 쾌락과 죄에 점철되었다며 괴로워했듯이 나 역시도 숱한 유혹과 쾌락, 과오에 휘둘리며 살아온 걸 부끄러워하지 않을 수 없다. 개인적으로는, 이 책이 톨스토이를 거울삼아 내 삶을 반성하고 돌아본 책이 될 것이다. 어쩌자고 이 나이에, 이런 생의 굽이에 톨스토이가 찾아온 것일까? 톨스토이의 컬러사진을 이따금 꺼내 보며, 그의 온기와 체취를 느껴 보려 노력해 보았다. 그는 정말로 어떤 사람이었을까?

직접 읽어 이 책에 인용한 번역본들이 책을 쓰기 위한 최선의 텍스트들은 아니었다. 거기엔 사정이 좀 있다. 내가 그 만만찮은 책들을 주로 여행길에서 읽은 까닭에 배낭의 무게와 부피를 고려해 (빽빽하게 글자들이 박힌)휴대하기 좋은 번역본들을 가져가 읽은 까닭이다. 시베리아를 비롯해 러시아의 장거리 열차나 차갑게 얼어붙은 긴 겨울밤의 여행지에서 나는 《부활》과 《안나 카레니나》 등을 읽었다. 그 여행과 책들을 떠올리면 러시아의 매섭게 찬 대기와 따뜻한 스프가 떠오른다. 여행과 책들에서 인용한 부분을 최신의 번역본과 대조하여 보다 나은 인용을 하지 못한 것은 저자의 게으름 탓이다. 책을 쓰도록 용기를 주고 이끌어 주신 홍익출판사에 감사드린다.

2018. 11
파주 헤이리에서 저자

길고도 놀라운 톨스토이 연보

1828 8월 28일. 툴라 시 야스나야 폴랴나에서 부친 니콜라이 일리치 톨스토이 백
      작과 마리야 니콜라예브나 톨스타야의 넷째 아들로 태어남.

1830 모친 사망.

1833 맏형 니콜라이에게서 모든 이에게 행복을 주는 비밀의 '푸른 지팡이'가 숲에
      묻혀 있다는 이야기를 들음. 톨스토이는 늘 자신이 사망한 뒤 그곳에 묻히기
      를 희망해 결국 그 숲에 묻히게 됨.

1837 부친 사망. 고모 오스텐 사켄 백작 부인이 톨스토이 형제들의 후견인이 됨.

1841 후견인인 고모 사망. 세 형과 함께 또 다른 고모 유시코바의 집이 있는 카잔
      으로 이주.

1844 카잔 대학교의 아랍-터키 문학과에 입학한 뒤 이듬해 법학과로 전과. 사교계
      에 출입하며 방탕한 생활을 함.

1847 루소, 고골, 괴테, 몽테스키외를 읽고 처음 일기를 쓰기 시작. 카잔 대학교 중
      퇴. 고향 야스나야 폴랴나로 돌아와 진보적 지주로 농민들의 계몽과 생활 개
      선에 노력하나 실패함.

1848 모스크바로 이주. 거기서 '노력도 않고 공부도 않고 목적도 없이 방종한 생
      활'에 빠져 지냄.

1849 카잔 대학교에서 법학사 자격 시험에 합격했으나 중도 포기하고 귀향. 농민
      자제들을 위한 학교를 엶.

1851 4월, 맏형 니콜라이가 있는 캅카스에서 군복무를 시작함.

1852 현역으로 군복무하며 《유년시절》 탈고. 평론가 네크라소프의 추천으로 잡지
      〈동시대인〉에 《유년시절》이 게재되며 작가로서의 첫발을 딛게 됨.

1853 체첸인 토벌에 참가.

1854 3월 다뉴브 파견군으로 종군하고, 크림 방면 군대로 전속. 11월 세바스토폴
      도착. 《소년시절》 발표.

1855 〈동시대인〉에 〈12월의 세바스토폴〉 발표. 처음 투르게네프의 편지 받음.
      11월 상트페테르부르크로 돌아가 〈동시대인〉 동인들의 환영을 받음.

1856 중편 〈지주의 아침〉을 발표.

1857 〈동시대인〉에 《청년시절》발표. 첫 유럽여행 중 파리에서 단두대에 의한 사형집행을 목격하고 충격을 받음. 여행 뒤 귀국해 야스나야 폴랴나에서 농사 경영.

1858 농사에 전념하는 중 농부의 아내 악시니야와 내연 관계로 발전.

1859 단편 〈세 죽음〉 발표. 러시아문학애호가협회 회원이 됨. 야스나야 폴랴나에 농민의 자녀들을 위한 학교를 세우고 교육함. 〈가정의 행복〉 집필.

1860 유럽의 민중교육제도를 돌아보기 위해 서유럽 여행. 맏형 니콜라이 사망.

1861 약 9개월간 유럽 교육시설을 돌아본 뒤 귀국. 영지를 방문한 투르게네프의 작품을 신랄하게 비판해 두 사람의 불화가 시작됨. 교육잡지 〈야스나야 폴랴나〉 간행.

1862 그의 교육사업에 대해 관헌의 감시와 함께 가택수색을 당함. 18세의 소피야 안드레예브나와 결혼.

1863 행복한 결혼생활에 빠짐. 6월, 맏아들 세르게이 출생. 이후 소피야와 13명의 자녀들 둠. 《전쟁과 평화》 집필을 위한 자료 수집.

1864 8월, 《톨스토이 저작집》 1권 간행.

1865 1~2월, 《전쟁과 평화》 첫 부분이 《1805년》이라는 제목으로 잡지 〈러시아 통보〉에 실림.

1867 3월 《전쟁과 평화》 출판 계약을 맺고 12월 1~3권 출간. 《전쟁과 평화》 집필에 전념.

1869 《전쟁과 평화》 에필로그 완결.

1871 초등학교 교과서 〈알파벳〉 1부 간행. 투르게네프, 톨스토이를 '우리시대의 '거장'으로 극찬.

1873 3월, 《안나 카레니나》 집필 시작. 아내와 빈민구제 활동에 전념. 《톨스토이 저작집》 전 8권 간행.

1875 1월, 《안나 카레니나》를 〈러시아 통보〉에 연재하기 시작. 〈하느님은 진실을 보지만 바로 말하지는 않는다〉, 〈표트르 1세〉 집필.

1876 파스칼의 《팡세》에 감동함. 12월, 차이콥스키와 알게 됨.

1878 《안나 카레니나》 단행본 출판. 8월 투르게네프가 야스나야 폴랴나를 방문. 〈데카브리스트〉 집필.

1879 10월부터 《참회록》 등 집필. 〈데카브리스트〉 미완으로 끝남.

1881 2월, 도스토옙스키의 부고를 접하고 슬퍼함. 알렉산드르 2세 암살사건 일어나 참가자에 대한 사형 사면을 탄원하나 받아들여지지 않음. 〈사람은 무엇으로 사는가〉 발표. 가족과 모스크바로 이주.

1882 《참회록》 완성해 〈러시아사상〉에 발표하나 발행 금지됨. 《이반 일리치의 죽음》 집필 시작.

1883 투르게네프 사망. 임종 직전 톨스토이에게 문학을 버리지 말 것을 당부하는 편지 보냄. 5월, 소피야 부인에게 재산관리를 맡김. 10월, 평생의 벗이자 동지가 되는 V.G. 체르트코프와 알게 됨.

1884 공자와 노자를 읽음. 6월 아내와의 불화로 가출 시도, 막내딸 알렉산드라 출생.

1885 헨리 조지의 《진보와 빈곤》에 감명받아 사유재산을 부정하며 아내와 불화가 심해짐. 이후 모든 저작권을 아내에게 관리하도록 함. 〈사랑이 있는 곳에 신이 있다〉, 〈바보 이반〉, 〈캅카스의 포로〉 등 다수의 민화 집필. 중편 〈홀스토메르〉 발표.

1886 농사일에 전념. 3월, 《이반 일리치의 죽음》 탈고. 단편 〈바보 이반〉, 〈사람에겐 얼마만큼의 땅이 필요한가〉 출간.

1887 1월, 동서고금의 성현의 가르침을 모은 《일력》 발행, 수백만 부 팔림. 이후 《독서의 고리(인생이란 무엇인가)》의 토대가 됨. 희곡 〈어둠의 힘〉 간행. 4월, 당시 학생이었던 로맹 롤랑의 편지 도착. 10월 《크로이체르 소나타》 구상. 술과 담배, 육식을 끊으려 노력함. 다수의 민화 집필.

1888 막내아들 이반 출생. 《일력》, 《인생에 대하여》 등 저작 판매 및 발행이 금지됨.

1889 《예술이란 무엇인가》 집필 시작, 《크로이체르 소나타》 탈고. 체호프의 작품들을 읽고 그 재능 인정.

1890 1월, 연극 애호가의 노력으로 〈어둠의 힘〉 러시아 초연. 2월 〈신부 세르게이〉 집필 시작.

1891 7월, 1881년 이후의 저작권 포기를 신문에 공표하려 하자 아내가 철도에서 자살 기도. 아내 소피야 부인이 차르 알렉산드르 3세를 알현하고 발행 금지되었던 《크로이체르 소나타》를 전집에만 싣는다는 조건으로 공표 허가를 받음.

1892 가족들의 재산 분쟁. 그의 빈민구제 활동이 혁명적 요소가 있다 하여 언론으로부터 공격받음.

1894 도호보르파 교인들과 처음 알게 됨.

1895 6월, 4천 명의 두호보르교도의 병역 거부 운동이 일어나자 그 지도자로 지목

돼 당국의 탄압을 받음. 8월, 체호프에게《부활》초고를 건넴. 농민 체벌에 반대하는 논문 발표.

1896 8월,《하지 무라트》집필 착수. 두호보르교도에게 원조금을 보냄.

1897 가출과 스스로 죽기를 바람.《예술이란 무엇인가》발표. 병상의 체호프를 방문하기 위해 모스크바에 감. 시베리아로 유형되는 두호보르교도를 만나기 위해 모스크바 이송 감옥으로 찾아감.

1898 빈민구제 사업에 매진.《예술이란 무엇인가》출판. 7월, 두호보르교도의 해외이주 자금을 얻기 위해《부활》집필에 전념. 12월 19일 톨스토이 탄생 70주년 기념회 열림.

1899 4월, 체호프가 찾아옴. 3월부터 〈니바〉에 연재했던《부활》11월에 탈고.

1900 과학 아카데미 문학부문 명예회원이 됨. 막심 고리키 야스나야 폴랴나 방문. 희곡〈산송장〉집필 시작.

1901 정교회로부터 파문됨. 이로 인해 정교회가 대중들의 분노를 삼. 고리키와 체호프의 방문.

1902 폐렴과 장티푸스로 위독. 러시아 정부는 톨스토이가 죽더라도 보도하지 말라는 통제 명령을 언론사에 하달했으며, 정교회는 성직자들에게 그가 죽음 직전 정교회로 개종했다고 거짓 보고를 하라고 지시.

1903 심부전과 심근경색으로 쇠약해짐. 8월 톨스토이 탄생 75주년 기념회가 열림.

1904 러일전쟁 반대론 기고. 이듬해 러시아 혁명에서 인민에 대한 관헌의 탄압에 가슴 아파함.《하지 무라트》탈고.

1907 2월, 야스나야 폴랴나에 학교를 다시 엶.《독서의 고리(인생이란 무엇인가)》집필에 전념.

1908 사형 반대를 주장한〈침묵할 수 없다〉를 국내외에 발표. 톨스토이 탄생 80주년 축하 발기인회가 생겼으나 정부, 종무원, 시당국이 방해함. 세계 각국 단체, 개인들의 축하 편지 쇄도.

1909 탄생 80주년을 기념한 톨스토이 박람회가 상트페테르부르크에서 개최됨. 아내와의 저작권 및 재산관리권 문제로 갈등이 심해짐. 레닌,〈러시아 혁명의 거울로서의 톨스토이〉발표.

1910 1월, 문집《인생이란 무엇인가》완성. 2월 단편〈호딘카〉집필. 11월 야스나야 폴랴나를 가출해 기차를 타고 남쪽으로 향함. 오한으로 아스타포보 역에 하차. 11월 7일 오전 6시 5분 영면. 9일 야스나야 폴랴나로 운구돼 형 니콜라이가 '푸른 지팡이'가 묻혀 있다고 말한 숲에 묻힘.

읽고 참고한 책과 영상물

톨스토이의 작품

《안나 카레니나》(1877), 오기완 역, 금성출판사, 1990년.

〈바보 이반〉(1886), 《바보이반》, 박형규 역, 학원사, 1994년.

〈사람에겐 얼마만큼의 땅이 필요한가〉(1886), ＿＿＿＿＿＿＿＿＿＿.

〈사람은 무엇으로 사는가〉(1881), ＿＿＿＿＿＿＿＿＿.

〈하느님은 진실을 보지만 바로 말하지는 않는다〉(1872), 고일, 김세일 역, 《러시아 독본》, 작가정신, 2009년.

《이반 일리치의 죽음》(1886), 박은정 역, 펭귄클래식코리아, 2009년.

《크로이체르 소나타》(1890), 이기주 역, 펭귄클래식코리아, 2008년.

《부활》(1899), 이철 역, 금성출판사, 1987년.

《인생이란 무엇인가》(1910), 고산, 채수동 역, 동서문화사, 2004년.

인용 및 참고한 책

《안나 카레니나》, 박형규 역, 문학동네, 2009년.

《안나 카레니나》, 연진희 역, 민음사, 2009년.

《전쟁과 평화》 1권, 4권, 박형규 역, 문학동네, 2017년.

《이반 일리치의 죽음》, 김석희 역, 《이문열의 세계명작 산책 2권》, 살림출판사, 1996년.

《부활》, 서상국 역, 작가정신, 2008년.

도스토옙스키, 《백치》, 박형규 역, 동서문화사, 1976년.

보리스 파스테르나크, 《닥터 지바고》 하권, 열린책들, 2011년.

권여선, 《안녕 주정뱅이》, 창비, 2016년.

김대식, 《김대식의 빅 퀘스천》, 동아시아, 2014년.

김세일, 《러시아 독본》, 작가정신, 2009년.

김윤식, 《이광수와 그의 시대》, 솔, 1986년.

김태관, 《곁에 두고 읽는 장자》, 홍익출판사, 2015년.

석영중, 《톨스토이, 도덕에 미치다》, 예담, 2009년.

신영복, 《강의》, 돌베개, 2004년.

안경환, 《법과 문학 사이》, 까치글방, 1995년.

장경학, 《법률과 문학》, 교육과학사, 1996년.

전중환, 《본성이 답이다》, 사이언스북스, 2016년.

다비드 르 브르통, 《걷기예찬》, 김화영 역, 현대문학, 2002년.

로맹 롤랑, 《위대한 예술가들의 생애》, 이정림 역, 범우사, 2007년.

미셸 슈나이더, 《죽음을 그리다》, 이주영 역, 아고라, 2006년.

밀란 쿤데라, 《참을 수 없는 존재의 가벼움》, 이재룡 역, 민음사, 2009년.

앤드류 노먼 윌슨, 《톨스토이》, 이상룡 역, 책세상, 2010년.

재레드 다이아몬드, 《총, 균, 쇠》, 김진준 역, 문학사상, 2005년.

조지 스타이너, 《톨스토이냐 도스토예프스키냐》, 윤지관 역, 종로서적, 1983년.

피터 싱어, 《더 나은 세상》, 박세연 역, 예문아카이브, 2017년.

피터 싱어, 짐 메이슨, 《죽음의 밥상》, 함규진 역, 산책자, 2008년.

피터 셰퍼, 《아마데우스》, 신정옥 역, 범우사, 1993년.

헤르만 헤세, 《싯다르타》, 박병덕 역, 민음사, 1997년.

참고한 영상물 및 음악

〈안나 카레니나〉, 1948년, 줄리앙 뒤비비에르 감독, 비비안 리 주연.

〈안나 카레니나〉, 2012년, 조 라이트 감독, 키이라 나이틀리 주연.

〈전쟁과 평화〉, 1956년, 킹 비더 감독, 오드리 햅번, 헨리 폰다 주연.

〈전쟁과 평화〉, 1967년, 세르게이 본다르추크 감독, 세르게이 본다르추크, 리우

인생이 묻고, 톨스토이가 답하다

드밀라 사베리에바 주연.

〈전쟁과 평화〉, 2016년, 줄라안 스탠나드 감독, 영국 BBC 제작 6부작 드라마, 폴 다노, 릴리 제임스 주연.

〈톨스토이의 마지막 인생〉, 2009년, 마이클 호프만 감독, 헬렌 미렌, 크리스토퍼 플러머 주연.

〈카츄샤의 노래〉, 1958년, 유호 작사, 이인권 작곡, 김부자 노래.

인생이 묻고 톨스토이가 답하다

초판 1쇄 인쇄일 2024년 12월 15일
초판 1쇄 발행일 2024년 12월 23일

지은이	이희인
발행인	양혜령
출판등록번호	제2023-000044호
출판등록	2023년 2월 23일
영업본부	경기도 고양시 일산동구 백석동 1335 더리브스타일 536호
대표전화	02-333-6040
팩스	02-337-0569
메일	editor@hongikbooks.com

ISBN 979-11-988483-7-6 (03100)